D1748741

IMPRESSUM

© 2017 Frank Pawellek

Umschlaggestaltung, Illustration: Frank Pawellek

Verlag: tredition GmbH, Hamburg

ISBN Taschenbuch: 978-3-7439-1630-2
ISBN Hardcover: 978-3-7439-1631-9

Das Werk, einschließlich seiner Teile, ist urheberrechtlich geschützt. Jede Verwertung ist ohne Zustimmung des Verlages und des Autors unzulässig. Dies gilt insbesondere für die elektronische oder sonstige Vervielfältigung, Übersetzung, Verbreitung und öffentliche Zugänglichmachung.

Bibliografische Information der Deutschen Nationalbibliothek:
Die Deutsche Nationalbibliothek verzeichnet diese Publikation in der Deutschen Nationalbibliografie. Detaillierte bibliografische Daten sind im Internet über http://dnb.d-nb.de abrufbar.

SELBSTCOACHING
AUF DIE **HARTE** TOUR

Ein Coaching-Bootcamp

in 13 Kapiteln

für alle, die ernsthaft

etwas ändern wollen.

In Klartext

Dr. Frank Pawellek

Inhaltsverzeichnis

Vorneweg. Lesen!... 7

Vorneweg zum Zweiten. Auch lesen!..................... 11

Ich weiß nicht, was ich will – glaube ich jedenfalls........ 14

Was hab' ich da gemacht – und vor allem: warum? Die Lebenskurven... 32

Kleines Lebenskurvencoaching.............................. 43

Theoretisch kann ich praktisch alles. Starke und nicht ganz so starke Seiten 47

Die Vision: Finden und formulieren (mal eben…) . 60

Von der Vision zu den Zielen 73

Achtung, fertig… Anfangen! 78

Machen ist wie wollen – nur krasser..................... 82

Dranbleiben! Das TOTE-Prinzip 91

Durchhalten. Zwei Dinge zum Merken 98

Ich wär' so gern ein Optimist…............................ 102

Ende gut, alles gut. Oder zu neuen Ufern?.......... 113

Zum Schluss 131

Vorneweg zum Ersten
Ein offenes (Vor-)Wort LESEN!

Ich mag Vorworte nicht besonders und lese deshalb selbst selten welche – meist sind sie eh' überflüssig. Warum ich dann selber gleich zwei davon schreibe? Weil es dieses Mal ohne das erste Vorwort wirklich nicht geht, denn Du musst wissen, worauf Du Dich einlässt. Für dieses Buch gilt: Klare Kante und keine Missverständnisse, und zwar von Anfang an, damit es hinterher kein Gemecker gibt. Und das zweite Vorwort brauchst Du, um zu verstehen, worum es inhaltlich eigentlich geht und wie die einzelnen Teile dieses Buches aufeinander aufbauen.

Wenn Du dieses Buch in die Hand genommen hast, wirst Du einen guten Grund dafür haben. Du willst weiterkommen. Du willst lernen, Dich für oder gegen etwas zu entscheiden. Du willst nicht mehr länger herumeiern. Du willst wissen, was Du eigentlich wirklich willst. Und dann willst Du auch noch lernen, wie man dahin kommt. Du willst besser drauf und weniger gestresst und dabei auch noch erfolgreicher sein.

Dann bist Du vielleicht richtig hier. Ich kann Dir helfen, Deine innersten Motive kennen zu lernen. Du kannst bei mir lernen, endlich vernünftige Entscheidungen zu treffen. Du wirst üben, wie man Durststrecken erträgt und durchhält. Ich zeige Dir, wie Du Strategien zur Umsetzung Deiner Pläne entwickelst. Ich bringe Dir bei, Dich selbst und Deine Umwelt genau zu beobachten und die richtigen Schlüsse daraus zu ziehen. Aber: Das alles gibt's nicht umsonst und leider noch nicht mal billig. Der Preis dieses Buches ist ein Klacks gegen das, was es Dich kosten wird: Du wirst eine Menge geistiger Klimmzüge machen müssen. Du wirst auf die emotionale Hindernisbahn gehen und Dir da vielleicht auch ein paar Schrammen holen. Und Du wirst an Dir arbeiten, bis Dir die Zunge aus dem Hals hängt. Du hältst hier ein echtes ARBEITSBUCH in der Hand, und das meine ich ernst.

Wenn Du das lieber nicht willst: Auch kein Problem – dann klapp das Buch hier wieder zu und einen schönen Tag noch. Wenn Du es aber ernst meinst und wirklich an Dir arbeiten willst, dann kann ich Dich wahrscheinlich weiter bringen. Es hängt von Dir ab.

WICHTIG: Ein Versprechen und drei Warnungen vorneweg

Das Versprechen: Ich bin zwar Psychologe, trotzdem gibt's bei mir kein Blabla. Das Motto hier heißt „Klartext". Ich erkläre Dir alles in knappen, klaren Worten und in kurzen Sätzen, damit auch Du es verstehen kannst. Und nun die Warnungen, denn ein paar Dinge müssen wir geklärt haben, bevor ich Dich mitnehme.

Erste Warnung: Ich kann Dir keine Erfolgsgarantie geben. Ich kann nicht einmal garantieren, dass es ganz schmerz- und verletzungsfrei bleibt. So ist das bei Bootcamps. Und noch etwas: Nicht alle schaffen es. Aber wer nichts anfängt, wird auch nichts zu Ende bringen können – das immerhin kann ich Dir garantieren. Wenn (!) Du Dich an das hältst, was ich Dir sage, sind Deine Chancen immerhin ganz passabel.

Zweite Warnung: Es wird anstrengend. Dein Leben auf die Reihe zu kriegen, das kann nur ein einziger Mensch, und das bist Du selbst. Ich kann und werde es nicht für

Dich tun, es ist nämlich Dein Job. Du bist der Verantwortliche für Dein Leben. Also mach es – denn sonst macht es keiner. Und das bedeutet: Du musst Dich hier richtig anstrengen, wenn es Dir etwas bringen soll. Das ist kein Wohlfühlbuch hier!

<u>Dritte Warnung</u>: Ich kann auch anders (nämlich empathisch, freundlich und zugewandt). Ich bin Coach und mache seit Jahren auch ganz normale Coachings mit meinen Klienten, und da bin ich meist ganz zahm. Hier aber nicht. Hier gilt die Parole „Schluss mit lustig!". Wem das nicht passt, der kann gleich gehen.

Und wie sieht das praktisch aus, wie bringe ich Dich weiter?

Wir beginnen ganz von vorn, nämlich bei dem, was Dich wirklich im Innersten antreibt. Dazu nutze ich ein psychologisches Modell, mit dem Du selbst herausfinden kannst, welche grundlegenden Motive für Dich, für Dein Fühlen, Denken und Handeln wichtig sind und auch, auf welche Weise sie Dich beeinflussen. Danach schauen wir uns an, wie Du mit diesen Motiven gut umgehen kannst. Im weiteren Verlauf lernst Du, eine passende und haltbare „Vision" zu entwickeln, Dir konkrete Ziele dafür zu setzen und diese auch effizient zu verfolgen. Und Du wirst erfahren, was Dich davon abhält, wichtige erste Schritte zu tun und wie Du die auftretenden inneren und äußeren Widerstände überwinden kannst. Du bekommst ein Coaching dafür, wie Du Deiner Umwelt optimistischer als bisher gegenüber treten kannst. Du lernst, welche

Bedeutung ein Masterplan hat und wo er seine Grenzen findet, und wie Du auch schwierige Phasen durchhältst.

So – wenn Du das Buch an dieser Stelle immer noch nicht wieder entweder enttäuscht oder erbost zugeklappt hast, bist Du offenbar wild entschlossen. Das ist gut. Genauso will ich das sehen!

Na dann: Willkommen!

Und nun los![1]

---

[1] …nachdem Du das zweite Vorwort gelesen hast! Sorry…

Vorneweg zum Zweiten
Was Dich hier inhaltlich erwartet
(Oder: Let's „MOVE" it!). AUCH LESEN!

Dieses Buch benutzt das „**MOVES**"-Konzept, das ich für Klienten entwickelt habe, die an grundsätzlichen Veränderungen in ihrem Leben arbeiten wollen. Es hebt sich von anderen Coachings dadurch ab, dass es dabei (erstmal) nicht um konkrete Einzelfragen geht. Um solche Coachings langfristig erfolgreich zu machen, ist es meiner Erfahrung nach oft sinnvoll, nochmal „ganz vorne anzufangen", sonst werkelt man unter Umständen an Symptomen herum, statt sich um wichtige und im Hintergrund ständig wirkende, aber unerkannte Grundlagen zu kümmern. Deshalb müssen bei mir manchmal gerade diejenigen, die schon ganz genau wissen, wo es langgehen soll, da durch. Meine Klienten beschäftigen sich also zuerst noch einmal in Ruhe mit dem, was sie eigentlich wirklich antreibt, ihre individuellen, ganz grundlegenden Lebens-Motive, die hinter dem eigenen Fühlen, Denken und Handeln stehen. Hier erleben viele schon ihre ersten Aha-Momente: So bin ich! Und genau das wirst Du hier auch erleben.

Danach werfen wir einen Blick auf die eigene Geschichte – Du lernst, Dein bisheriges Leben gewissermaßen „aus der Vogelperspektive" zu betrachten und stellst dabei wahrscheinlich fest, wie sich Deine Grundmotive darauf ausgewirkt haben. Der zweite Aha-Moment: So war das also!

Erst dann geht es darum, welchen Kurs Du in Zukunft steuern willst. Du entwickelst das, was ich – in

Ermangelung eines vernünftigeren Wortes - die „Vision" nenne - ein Bild von Dir in der Zukunft: Wer und wie will ich sein? Das ist der zentrale Baustein des Coachings. Und erst jetzt geht es in die Details: Welche konkreten Ziele leiten sich aus dieser Vision ab (da gibt es oft ganz verschiedene Möglichkeiten)? Schließlich arbeitest Du an geeigneten Strategien, Deine Ziele zu verfolgen. Und hier das Ganze nochmal in Kurzform[2]:

- **M**otives: (MOTIVE) Was treibt mich an?
- **O**verview: (ÜBERBLICK) Wie haben sich meine Motive auf mein Leben ausgewirkt?
- **V**ision: (VISION) Wie und wer bin ich in Zukunft?
- **E**laboration: (ENTFALTUNG) Was bedeutet das für meine konkreten Ziele?
- **S**trategies: (STRATEGIEN) Und wie gehe ich das Ganze praktisch an?

„**MOVES**" klingt ja auch ganz nett, oder? Es spiegelt die Dynamik solcher Coachings gut wider, die Bewegung und Veränderung, die vom Klienten für die Zukunft angestoßen wird – und die er auch schon im Verlauf eines solchen Coachings durchläuft. Und solche Abkürzungen

---

[2] Auf Englisch, sonst hieße es „MÜVES" und das geht nun mal gar nicht…

sind außerdem schon auch irgendwie ganz cool, finde ich...

Nochmal: Das hier ist kein Buch, aus dem Du Dir rauspicken kannst, was Dir sinnvoll erscheint. Es steht vielmehr in der guten alten Tradition des „Von-vorne-nach-hinten-Durcharbeitens". Wenn Du einen gedruckten Coaching-Gemischtwarenladen suchst, ist es deshalb nicht das richtige Buch für Dich, da gibt es geeignetere. Hier geht's „ums Ganze" – nämlich um Dich. Und zwar schön der Reihe nach, und das aus guten Gründen. Eine Hindernisbahn nach der anderen also.

„Ich weiß nicht was ich will! Glaube ich jedenfalls…"

Vorneweg: Vielleicht denkst Du, dass Du doch eigentlich schon ziemlich genau weißt, wer Du wirklich bist, was Du machen willst und wo Du hin willst oder was sich sonst in Deinem Leben ändern soll und warum. Herzlichen Glückwunsch! Du könntest dann im Prinzip dieses Kapitel getrost überspringen, denn wenn das stimmt, wärst Du schon einen großen Schritt weiter. Trotzdem lohnt es sich auch für Dich, hier dranzubleiben: Entweder das nachfolgende Kapitel bestätigt Dich in Deiner Meinung über Dich - dann fühlst Du Dich gut und darfst Dir gratis einmal selbst auf die Schulter klopfen. Oder es bringt Dein sicheres Gefühl ins Wanken - in dem Fall wirst Du merken, wie wichtig es war, den Anfang nicht zu überspringen. Es lohnt sich also auf jeden Fall. Außerdem kommst Du bei mir eh' nicht drum herum – wie Du bestimmt im Vorwort Nummer zwo gelesen hast. Falls nicht: Auf-Marsch-Marsch, zurückblättern und lesen! Die Vorworte sind beide wichtig!

Zur Sache: Du hast nicht wirklich eine Ahnung, ob Du mit dem, was Du gerade machst oder wie Du lebst, richtig liegst oder nicht. Ich habe das so oder so ähnlich schon hundert Mal gehört: „Ich weiß nicht, ob ich wirklich das Richtige studiere / ob ich die richtige Berufsausbildung mache / ob ich wirklich hier wohnen bleiben will / … (hier bitte bei Bedarf das eigene Gejammer einsetzen)."

Das kann ich Dir leider auch nicht sagen. Woher soll ich wissen, was Du willst? Es ist auch nicht mein Job, und Du bist ja auch schon selber groß. Was ich tun kann ist, Dir zu zeigen, wie Du selbst es herausfinden kannst. Achtung, was nun kommt, ist wichtig: Was Du für einen Beruf ausübst, welches Fach Du studierst, wo Du wohnst und was Du beruflich oder privat machst oder auch nicht machst, das ist im Prinzip nicht so wichtig.

Schockiert? Besser, Du liest den Satz erst nochmal. Das Wort „genau" ist hier der springende Punkt. Ob jemand genau dieses oder etwas Ähnliches oder auch was Anderes tut, das hängt eh' nicht nur von ihm selbst ab, dafür ist das Leben leider (oder besser: zum Glück!) ein wenig zu kompliziert. Ich wär' auch gern Bundespräsident oder wenigstens Rockstar. Stattdessen bin ich zuerst Geologe und Umweltwissenschaftler geworden und später dann Coach und Psychologe. Geologe, weil ich damals – genau wie Du jetzt wahrscheinlich – noch nicht wirklich eine Ahnung davon hatte, was ich eigentlich wollte, was also für mich das Wesentliche war. Und später Coach, weil ich es zwischendurch gelernt hatte – auch auf die harte Tour übrigens. Rockstar wäre nett, ist aber für mich nicht wichtig. Denn der wirklich wichtige Punkt liegt auf einer ganz anderen Ebene. Ich klär Dich mal auf, auf welcher:

Extra für Dich mach' ich es jetzt mal ganz einfach: Es war einmal vor langer, langer Zeit...[3] Es war, als wir zu dem wurden, was wir heute sind – (biologisch) moderne Menschen. Damals liefen wir als kleine Gruppen von frühen Homo sapiens als Jäger und Sammler durch die Gegend. Die Kommunikation war vermutlich (noch) flacher als heute und daher zählten Taten mehr als Worte. Lange Verhandlungen über irgendwas gab's

---

[3] Nein – ich erzähle hier keine Märchen! Ich meine das exakt so! Vor wirklich sehr langer Zeit, ein paar tausend Generationen vor Rotkäppchen und Co.

wahrscheinlich nicht. Klar war aber schon allen eins: Die Gruppe war lebenswichtig für jeden Einzelnen, denn ein einzelner Mensch kann in der Natur auf Dauer nicht überleben. Gemeinsam wurde deshalb Wild gejagt, wurden einfache Schutzhütten gegen schlechtes Wetter gebaut, gemeinsam wurden Beeren, Pilze und Holz gesammelt und auf das Feuer und die Kids aufgepasst[4]. Grundsätzlich war es wahrscheinlich kaum anders, als zum Beispiel in einem Wolfsrudel auch - es gab eine klare Hierarchie. Und das bedeutet: Wenn ein Stück Wild erlegt wurde, dann bekam der Boss als Erster was davon ab. Und das war zunächst mal der Stärkste. Es war also schon damals eine ziemlich kluge Strategie, stark zu sein, denn wer schwach war lief Gefahr, nur noch ein paar gammelige Reste oder unter Umständen auch gar nichts mehr abzubekommen. Nun konnten aber nicht alle gleichzeitig der Stärkste sein, das leuchtet Dir ein, denke ich. Es bringt ja auch nicht wirklich was, sich ständig miteinander zu kloppen, um die Rangfolge neu auszufechten. Auch in einem Wolfsrudel passiert das nicht, und es wäre auch ziemlich blöd, denn man kommt so gar nicht mehr zum Jagen und keiner kriegt irgendwas. Also musste es auch noch andere Strategien geben, Beute und einen bequemen Platz am Feuer abzubekommen. Strategie Nummer zwei: Ich kann nix, aber Ihr mögt mich doch trotzdem, oder? Schließlich bin ich unheimlich nett. Ich sorge für gute Laune, klopfe den Jägern auf die Schulter und bin jederzeit hilfsbereit, wenn ich wo gebraucht werde. Auch diese Strategie funktioniert, weil solche Leute gut für den Zusammenhalt einer Gruppe sind und den dringend nötigen sozialen Frieden fördern. Und es gab noch eine Strategie Nummer drei: Ich bin zwar nicht der Stärkste hier und Ihr mögt mich vielleicht

---

[4] Und so weiter. Du weißt, was ich meine…

nicht mal besonders, aber das ist mir ja sowas von egal, denn Ihr gebt mir trotzdem was ab. Ich kann nämlich Dinge, die Ihr nicht könnt: Ich kann zum Beispiel vorhersagen, wann der Winter endet und die Lachse wieder flussaufwärts ziehen. Oder ich kann die besten Speerspitzen aus Feuerstein herstellen, und die braucht Ihr, um vernünftig jagen zu können. Kein Beuteanteil für mich - keine Speerspitzen. Keine Speerspitzen – keine Beute für Euch. Ist nachvollziehbar, schätze ich - und wo bleibt jetzt mein Essen? Auch so geht's.

Diese drei sehr grundlegenden Strategien nennen Psychologen „Motive", und sie sind auch heute bei uns immer noch zentrale Antriebskräfte für das, was wir wollen und tun, wir haben sie aus unserer frühesten Geschichte mitgebracht. Sie stecken hinter vielen unserer Entscheidungen im Leben. Meistens sind ein oder zwei Motive in jedem von uns gut ausgeprägt – und mindestens eines dagegen eher unterbelichtet.

Die drei Motive sind inzwischen ganz gut erforscht. (Falls Du einer der Intellektuellen unter uns bist und es Dich interessiert: Man nennt das Ganze auch das „Multimotivgitter".) Die Strategie „Ich bin der Stärkste und deshalb der Boss hier" wird **MACHTMOTIV** genannt. Die Strategie „Ich kann eigentlich nix so richtig außer nett sein, aber gerade deshalb sollt Ihr mich mögen", heißt **ANSCHLUSSMOTIV**. Und die Strategie „Mir doch egal, ob mich einer mag – Hauptsache, Ihr akzeptiert, dass ich der Fachmann bin", heißt **LEISTUNGSMOTIV**[5]. Und merk Dir schon mal: Keines dieser Motive ist besser oder schlechter als die anderen beiden.

---

[5] Ich persönlich verwende auch gern den Begriff „**STRUKTURMOTIV**". Denn darum geht es dabei oft. Warum, das erkläre ich gleich.

Bis hierhin verstanden? Gut, denn jetzt geht's gleich weiter. Und was jetzt kommt, ist klar:[6] Was Du in Deinem Leben willst und was Du nicht willst, was Dir im Innersten wichtig ist, das hängt letztlich davon ab, welche dieser drei Grundmotive bei Dir stark entwickelt sind und welche nicht. Dein erster Auftrag lautet also, herauszufinden wie das bei Dir aussieht.

Nicht so einfach? Okay, dann gibt es jetzt noch ein paar Hilfestellungen. Zuerst eine kurze Beschreibung der drei Motive – beziehungsweise von drei „typischen" Personen, bei denen jeweils eines davon extrem entwickelt ist. Vielleicht kommt Dir dabei ja schon was bekannt vor:

MACHTMOTIV: Du bist ein echter „Macher". Langes Grübeln ist nicht Deine Sache, denn Du bist einer, der eine Chance sieht, instinktiv erkennt und dann zügig zugreift. Was dabei andere über Dich denken, ist Dir ziemlich egal – solange Sie Dich als Chef akzeptieren und nicht versuchen, Dir zu sagen, wie Du's machen sollst. Sogar mit der Ablehnung durch andere Menschen kannst Du gut umgehen – schließlich sind alle potenziellen Konkurrenten eh' Idioten. Und denen gegenüber heißt Deine Devise: „Viel Feind, viel Ehr!" oder auch: „Neid ist die schönste Form der Anerkennung." Du liebst es, Dinge anzupacken und die Welt zu verändern – und wo Du warst, da haben sich Dinge verändert. Das kann ein Team sein, das Du mit einer klaren Führung zu Erfolgen bringst, oder auch ganz handfeste Dinge wie ein Schreibtisch, den Du selbst mit Deinen eigenen Händen geschreinert hast. Kaufen kann sowas schließlich jeder Trottel, Du hast das nicht nötig! Macht auszuüben ist für Dich durchaus eine gute Sache – schließlich kann man sie auch für gute

---

[6] An dieser Stelle musst Du nicken!

Zwecke einsetzen. Deshalb hast Du auch keine Angst, Verantwortung für andere zu übernehmen, die nicht so stark sind wie Du und die Deinen Schutz und Deine Führung brauchen. Und wenn Du mal Mist gebaut hast[7], dann stehst Du auch dazu. Du ziehst Dinge durch, und Dein Lebensmotto könnte lauten: „Aufgegeben wird von mir höchstens mal ein Päckchen bei der Post."

ANSCHLUSSMOTIV: Du bist ein Mensch, dem es überhaupt nicht egal ist, wie andere über ihn denken, im Gegenteil: Dir geht es nur dann so richtig gut, wenn Du spürst, dass die Anderen Dich mögen, das ist für Dich so wichtig wie die Luft zum Atmen. Sie müssen Dich nicht unbedingt als Chef akzeptieren - Chef zu sein liegt Dir sowieso nicht. Schließlich kriegen die Chefs auch als erste den ganzen Ärger ab, und den brauchst Du echt nicht. Überhaupt ist Ärger eher dafür da, ihm aus dem Weg zu gehen. Du bist aber ein exzellenter Teamplayer, der verlässlich ist und auch mal Aufgaben anderer Teammitglieder übernimmt. Und zwar, weil Du es brauchst, gebraucht zu werden. Deshalb kann man von Dir auch mit dem Argument „Ohne dich schaffen wir es nicht!", fast alles kriegen. Selbst wenn Du Dich gelegentlich ausgenutzt fühlst, ist das nicht ganz so tragisch, solange man Dich für eine treue Seele hält und dafür mag. Und gerade weil es Dir nicht egal ist, wie die Anderen über Dich denken, bist Du richtig gut darin, ihre Stimmungen und überhaupt die ganze Atmosphäre in einer Gruppe zu erspüren – eine Eigenschaft, die den Machtmenschen ziemlich abgeht. Und deshalb bist Du auch ein großes Talent darin, für eine gute Stimmung in einer Gruppe zu sorgen, denn der Umgang mit eigenen und fremden Stimmungen ist Dir vertraut. Du hältst auf

---

[7] ...was natürlich so gut wie nie passiert...

diese Weise Menschen zusammen, auch wenn sie unterschiedlich sind und verschiedene Ansichten oder Ziele haben und bist damit eine prima „Mutter der Kompanie". Einsame Entscheidungen sind dagegen überhaupt nicht Dein Ding. Wenn Du etwas durchsetzen willst, schaffst Du es meist „auf die nette Art". Dich auf nicht-nette Art durchzusetzen geschieht zwar manchmal, hinterlässt dann aber bei Dir ein Gefühl von „jetzt hab' ich zwar gewonnen, aber der mag mich dafür vielleicht nicht mehr". Das ist Dir eher unangenehm und fühlt sich eher schon nach Verlieren an.

LEISTUNGSMOTIV (STRUKTURMOTIV): Genauso wie dem „Machtmenschen" ist es auch Dir ziemlich egal, ob andere Dich besonders mögen oder nicht. Im Unterschied zu ihm ist Dir aber auch nicht wichtig, ob Sie Dich als Chef oder wenigstens als gleichberechtigten, starken Partner sehen. Denn Du weißt eh' selbst am besten, was Du draufhast, und wenn die Anderen das akzeptieren, reicht Dir das. Du bist der „Spezialist" auf Deinem Gebiet, hast vielleicht viele Bücher darüber gelesen oder sogar welche geschrieben und reichlich Erfahrungen darin gesammelt, und da kann Dir keiner das Wasser reichen. Ohne Dich geht's nämlich tatsächlich nicht, und das weißt Du genau. Es soll Leute geben, die Dich für einen unerträglichen Rechthaber und Besserwisser halten. Die haben aber nur noch nicht begriffen, dass <u>wenn</u> Du Dich zu einer Sache äußerst, Du auch tatsächlich Recht hast und es wirklich besser weißt. Dafür bekommt man von Dir andererseits auch kaum mal „grobe Schätzungen" als Antwort – denn entweder Du hast eine stimmige und korrekte Antwort parat oder es fehlen Dir noch notwendige Informationen dafür.[8] Du erkennst die Expertise anderer Leute in anderen Bereichen neidlos an, aber in Dein eigenes Fach lässt Du Dir nicht reinreden. Dabei muss das alles kein Geheimwissen bleiben - vielleicht macht es Dir sogar Spaß, Deine Kenntnisse an andere weiterzugeben und ihnen beizubringen „wie's richtig geht". Und noch etwas: Du bist verlässlich. Wenn Du sagst, das Ding ist bis zum nächsten Ersten erledigt, dann passiert das auch. Und wenn Du mal in Konkurrenz gehst, dann fast immer nur mit Dir selbst: Der Satz „Ich will wissen, ob ich das (noch besser) kann!", spricht Dir aus dem Herzen.

Bis hierhin verstanden?[9] Dein Job ist es jetzt, herauszufinden, welche dieser drei grundlegenden menschlichen Motive bei Dir besonders ausgeprägt sind. Nochmal, falls Du es schon vergessen hast: Das sind häufig zwei, manchmal auch nur eins.

Und wie sollst Du das machen? Na schön, ausnahmsweise gebe ich Dir dafür ein paar Tipps mit auf den Weg. Erster Tipp: Wahrscheinlich hast Du schon zumindest eine erste Idee. Der beste „Selbst-Test" war die ausführliche Beschreibung der drei Grundmotive[10]. Du hast vermutlich gleich beim Lesen schon gemerkt, an welcher Stelle bei Dir es im Hirn „klingelt". Oder Du hast umgekehrt bei einer der drei Beschreibungen gedacht: „So ein Quatsch! Wer tickt denn so?". Prima – das bist Du dann schon mal nicht. Vermutlich kommen Dir eines oder

---

[8] Und deshalb nenne ich das Leistungsmotiv auch Strukturmotiv. Weil Du ausgesprochen strukturiert denkst und arbeitest.
[9] Hier wieder nicken!
[10] Wozu sonst meinst Du hätte ich mir die Mühe gemacht und mir hier die Finger fusselig geschrieben?

zwei der Motive vertraut vor. Und da liegen wahrscheinlich Deine Schwerpunkte.

Falls Du Dir aber noch unsicher bist – hier kommt Tipp Nummer zwo: Auf den nächsten beiden Seiten findest Du eine Art Selbsttest[11], mit dem Du herausfinden kannst, welche Grundmotive für Dich bedeutend sind. Den machst Du jetzt. Und dann schaust Du mal, ob Du mit Deiner Vermutung richtig gelegen hast. Vielleicht hast Du Dich ja doch nicht komplett richtig eingeschätzt?

Wegtreten - und eine Erkenntnisstufe höher wiederkommen!

MOTIVTEST

Hier ist Deine Entschlusskraft gefragt - Du musst Dich nämlich jeweils für einen der beiden Sätze entscheiden – entweder links oder rechts! Welchem Satz stimmst Du mehr zu? Mach dort einfach ein Kreuzchen. ACHTUNG: Bestimmt gibt es Alternativen, die Dir beide gut gefallen (oder auch beide nicht). Dann machst Du Dein Kreuz da, wofür Dein Herz noch ein bisschen mehr schlägt oder auch ein bisschen „weniger weniger". Versuche, das soweit wie möglich ehrlich und „aus dem Bauch heraus" zu machen.

Los geht's!

---

[11] Achtung! Das ist kein nach den Regeln der Wissenschaft erstellter genormter Test! Ich habe ihn lediglich als Hilfestellung für Klienten entwickelt - und dabei funktioniert er nach meiner Erfahrung auch ziemlich gut. Bei Dir funktioniert er nur, wenn Du ihn wirklich ganz ehrlich beantwortest. Sonst bringt das nix, klar?

1	Wenn jemand mir gegenüber unfreundlich oder abfällig war, dann verfolgt mich das noch längere Zeit.	Der Satz „der Mensch ist seines Glückes Schmied" stimmt.
2	Ich bin schon einmal als Besserwisser bezeichnet worden.	Wichtig ist nicht nur das Ergebnis der Zusammenarbeit sondern auch die Atmosphäre.
3	Wenn einer Erfolg hat, dann muss er das auch zeigen dürfen.	Meist bin ich besser auf ein Gespräch vorbereitet als mein Gesprächspartner.
4	„Aufgegeben wird höchstens ein Brief!" könnte mein Wahlspruch sein.	Ich bekomme häufiger zu hören „…ohne Dich geht es nicht. Könntest Du mal…?"
5	Es gibt Tage, da scheinen alle Menschen irgendwie zu lächeln. Das macht mich dann auch froh.	Der Satz „Ordnung ist das halbe Leben" stimmt.
6	Manchmal rege ich mich beim Autofahren darüber auf, wenn andere sich nicht an die Regeln halten. Ich tue das selbst auch und sehe es verdammtnochmal nicht ein, wenn andere sich einfach darüber hinwegsetzen!	Konflikte machen mir keine Angst. Manchmal provoziere ich sogar welche, um Klarheit zu bekommen.
7	Manchmal setze ich draußen ein freundliches Gesicht	Menschen mit Mumm imponieren mir.

	auf, auch wenn mir nicht wirklich danach ist.	
8	Ich hasse es wie die Pest, wenn ich eine Arbeit nicht mindestens zu einhundertkommanull Prozent fertigstellen kann.	Etwas zu verschenken, ist oft schöner als etwas geschenkt zu bekommen.
9	Wenn Du etwas nicht schaffst, dass Du Dir vorgenommen hast, dann hast Du Dich wahrscheinlich nicht genug dafür angestrengt.	Zuspätkommen ist für mich eine absolute Todsünde!
10	Wer den Karren in den Dreck fährt, sollte ihn auch wieder herausziehen.	Ich glaube, ich bin ziemlich gut darin, die Emotionen anderer Menschen zu erkennen.
11	Wenn Du freundlich auf andere zugehst, dann werden sie Dir auch freundlich begegnen.	Man kann sich auf mich verlassen. Wenn ich etwas zusage, dann überlege ich vorher genau, ob ich es auch einhalten kann.
12	Ich hasse es, zu improvisieren.	Wer die Verantwortung hat, sollte auch das Sagen haben.

Zur Auswertung des Selbsttests geht es auf der nächsten Seite.

MOTIVTEST - AUSWERTUNG

Jetzt nimmst Du Dir das Blatt mit den Kreuzen dazu und kringelst die Buchstaben (A, M, L.) in der untenstehenden Tabelle ein, wenn das Kreuz links bzw. rechts war.

Zeilennummer	Kreuz links gemacht	Kreuz rechts gemacht
1	A	M
2	L	A
3	M	L
4	M	A
5	A	L
6	L	M
7	A	M
8	L	A
9	M	L
10	M	A
11	A	L
12	L	M

So, und nun zählst Du die eingekringelten Buchstaben jeweils für sich – die Häufigkeit der A's, L's und M's gibt die Ausprägung der drei Motive Anschluss, Leistung und Macht für Dich an.

Anzahl der „A's" Ausprägung **ANSCHLUSSMOTIV**	
Anzahl der „L's" Ausprägung **LEISTUNGSMOTIV**	
Anzahl der „M's" Ausprägung **MACHTMOTIV**	

So – jetzt weißt Du Bescheid. Ziemlich wahrscheinlich wird eines der drei Motive bei Dir vorherrschen, ein zweites etwas weniger ausgeprägt und das dritte dann eher unterbelichtet sein. Nochmal – das ist normal und okay so. Und es ist auch völlig egal, was jetzt bei Dir besonders ausgeprägt ist[12]! Alle drei Motive haben ihre Berechtigung.[13]

So – jetzt solltest Du mehr über Dich wissen. Und weil Du jetzt ein paar Fragen haben wirst, liefere ich Dir hier ein paar passende Antworten. Los geht's:

„Bin ich jetzt wirklich so?"

Ja. Akzeptier es versuchsweise einfach mal. Der Test ist wie gesagt nicht streng wissenschaftlich, aber für die meisten Menschen ganz brauchbar. Und wenn Du Dich in den Beschreibungen vorher schon selbst erkannt hast, dann ist Dir sowieso klar, wie Du tickst. Die Ausprägung dieser Grundmotive legt Dich auch nicht als Person total fest – sie sind eher so etwas wie eine „Brille", die Du ab jetzt aufsetzen kannst, und die hilft Dir (hoffentlich) dabei, Dich selbst ein bisschen besser zu verstehen. Und dazu gehört, Dich so zu akzeptieren, wie Du bist.[14]

---

[12] Mir sowieso, verlass Dich drauf...
[13] Nochmal kurz zum Test – in der Psychologie nennt man so etwas einen „forced choice test" – zu Deutsch etwa „Test mit erzwungener Auswahl" – weil es hier kein „Weder-noch" und auch kein „Sowohl-als-auch" gibt. Das vermeidet Wischiwaschi-Antworten, die keinen Erkenntnisgewinn bringen. Ich hab's ja gesagt – bei mir gibt's kein Blabla"...
[14] Schaffst Du!

„Wie bin ich denn so geworden?"

Ja, warum ist einer so wie er ist? Dabei spielen vor allem drei Faktoren eine Rolle. **Erstens** kommen wir nicht alle gleich auf die Welt – schon ganz kleine Kinder sind charakterlich klar unterschiedlich[15]. Wie viel von unserem Charakter durch unsere Gene bestimmt wird, lässt sich zwar nicht genau sagen, aber klar ist: Sie spielen eine wichtige Rolle[16]. Da machst Du also nix dran, weil Du Deine Gene (noch) nicht beeinflussen kannst. **Zweitens** spielt die Umwelt eine wichtige Rolle dafür, und zwar schon ziemlich früh in unserer Entwicklung: Kinder haben irgendwann erste Konflikte mit ihrer Umwelt, weil die was anderes will als sie selbst. Und dann gibt es drei grundlegende Arten, sich zu verhalten: Man kann sich auflehnen und für seine Sache kämpfen, man kann sich fügen und sich dafür loben lassen oder man kann sich aus der Situation emotional rausziehen und versuchen, sich clever „durchzumogeln". Da haben wir sie wieder, die drei Motive…

Irgendwann macht jedes Kind Erfahrungen mit diesen Strategien, und es lernt schnell aus Erfolg und Misserfolg. Wenn ich mit Kämpfen Erfolg und Anerkennung bekomme („Unser Willi lässt sich nix gefallen, ja, der kann sich behaupten."), dann werde ich das wieder tun. Das Gleiche gilt für soziales Wohlverhalten („Du bist aber ein braves Mädchen, hier hast Du ein Bonbon.") oder mit Struktur bzw. Leistung („Der Marc-André ist aber wirklich klug für

---

[15] Das passt manchen Sozialwissenschaftlern zwar nicht ins Weltbild, ich würde es aber als inzwischen gut erforscht bezeichnen. Außerdem hab' ich selbst welche…

[16] Untersuchungen zu Persönlichkeitsmerkmalen deuten darauf hin, dass diese etwa zur Hälfte durch unsere Genetik bestimmt sind. Damit sind sie zwar nicht völlig unveränderbar, aber doch recht „fest verdrahtet" in uns.

sein Alter, gell Marc-André?"). Sowas setzt sich sehr früh fest, obwohl Du Dich wahrscheinlich selbst gar nicht mehr dran erinnern kannst. **Drittens**: Diese Grundstruktur sitzt zwar tief, ist aber deshalb nicht in Beton gegossen. Im Prinzip lässt sich da auch später noch dran drehen. Wenn man das versucht, geht man allerdings an die eigene seelische Substanz – eine „Operation am offenen Herzen" sozusagen. Und wie eine Herz-OP ist das auch nicht ganz ohne Risiko. Man stellt dann nämlich so ziemlich alles in Frage, was einen antreibt, und das ist keine Kleinigkeit, die man mal eben so machen kann oder sollte. Mein eigener Coaching-Lehrer sagte mal: „Coaching ist die Arbeit mit dem eigenen Bewältigungsinventar. Die Arbeit am eigenen Bewältigungsinventar ist Therapie." Recht hatte er! Und weil das hier ein Coachingbuch und kein Therapiebuch ist, lassen wir Dich so, wie Du bist. Wenn Du wirklich echte (und länger andauernde) Probleme mit Dir und Deiner Art hast, wäre das ein Anlass, jetzt das Buch zuzuklappen und Dich auf die Suche nach einem fähigen Therapeuten zu machen. Ernsthaft, jetzt.

„Okay – eines (oder auch zwei) meiner grundlegenden Motive ist wenig entwickelt. Ist das schlimm?"

Nein, ist es nicht. Nochmal zum Mitschreiben: Alle drei haben ihre Berechtigung, alle drei sind in jedem von uns vorhanden, bloß halt nicht in gleicher Ausprägung. Das macht uns Menschen unterschiedlich, und das ist ja auch ganz gut so. Zum einen wäre das Leben sonst elend langweilig, und zum anderen braucht jede Gesellschaft unterschiedliche Menschen, um zu funktionieren: Macher, Denker, Beziehungstypen. Das ist übrigens auch schon vor längerer Zeit erkannt und formuliert worden. Beispiel gefällig? Der Wahlspruch der französischen Revoluzzer, die König Ludwig den Sechzehnten vom Thron kippten, lautete: „Freiheit, Gleichheit, Brüderlichkeit"[17]. Das steht für nichts anderes als für das Machtmotiv (nämlich die Freiheit des Menschen, nach seinem eigenen Willen handeln zu dürfen), das Leistungsmotiv (Gleichheit bedeutet hier: Gleichheit vor dem Gesetz, also alles schön geregelt, verlässlich geordnet und strukturiert) und Brüderlichkeit natürlich für das Anschlussmotiv („Sind wir nicht alle eine große Familie und sollten uns vertragen?"). Das kann man lesen als: Alle Menschen, egal wie sie jeweils gestrickt sind, sollen zu ihrem Recht kommen und ihren Platz in der Gesellschaft finden können, je nach ihrer eigenen Art. Aber wir brauchen gar nicht so weit zurück in die Geschichte zu gehen – in unserer eigenen Nationalhymne finden sich „Einigkeit (→ Anschlussmotiv) und Recht (→ Leistungs- bzw. Strukturmotiv) und Freiheit (→ Machtmotiv)." Diese drei Prinzipien sollen ja zusammen des Glückes Unterpfand sein und zum Blühen des Vaterlands führen. Okay, das klingt vielleicht ein bisschen pathetisch, aber im Grunde ist es auch nichts anderes. Wir brauchen alle drei Prinzipien, und damit auch Menschen mit allen drei Ausprägungen. Es gilt also: Keine Panik - so wie Du drauf bist, bist Du in Ordnung, denn in unserer Gesellschaft ist Platz für jeden. Und das führt direkt zur nächsten Frage:

„Sollte ich versuchen, meine „schwachen Motive" irgendwie zu fördern?"

Das kann unter Umständen sinnvoll sein. Meist ist es das aber gar nicht, denn Du bist schon ganz okay so (siehe

---

[17] Allerdings wurden sie in dieser Form erst fünfzig Jahre später formuliert. Das macht aber nix, das Prinzip reicht!

oben). Viel interessanter ist es, im Gegenteil an Deinen besonders ausgeprägten Motiven zu arbeiten. Genau mit denen kann es Dir nämlich passieren, dass Du Dir (und anderen) ein Bein stellst. Ein ausgeprägtes Machtmotiv zum Beispiel kann man sehr verantwortungsvoll einsetzen – oder total verantwortungslos, und damit tust Du Dir keinen Gefallen. Was das im Einzelnen heißt und wie man gut damit umgehen kann, darauf komme ich später im Kapitel 4 nochmal zurück.

Ich fühle mich gar nicht so einseitig motiviert. Sind denn nicht alle drei Motive wichtig für mich?

Doch, sind sie - genau wie für jeden anderen von uns auch. Aber mit einiger Wahrscheinlichkeit sind sie nicht alle gleich stark ausgeprägt und deshalb für Dich im Großen und Ganzen nicht wirklich gleich wichtig. Du wirst allen dreien deshalb auch immer wieder mal in Dir begegnen – auch der Harmoniemensch geht mal mit wehenden Fahnen in einen Konflikt und auch der Leistungsmotivierteste greift mal nach der Macht. Aber tief drinnen stehen die Motive nicht wirklich neben- sondern doch eher hintereinander, was Dein Fühlen, Denken und Handeln angeht. Bei Deinen Mitmenschen siehst Du das ja auch – die sind ja nun absolut nicht alle gleich, sondern sehr individuell. Warum sollte ausgerechnet für Dich das nicht gelten?

Und was fange ich jetzt damit an?

Wahrscheinlich kannst Du konkrete Fragen nach Deiner Zukunft damit noch nicht wirklich beantworten. Und ich kann es hier auch nicht, denn ich kenne ja Deine konkreten Lebensumstände nicht. Hier gibt es mehrere Möglichkeiten. Beispielsweise kann Dich ein Coach oder Supervisor in konkreten Situationen bei Entscheidungen begleiten und unterstützen und dafür sorgen, dass Du gute eigene Antworten auf Deine Fragen findest. Oder aber Du gehst nochmal selbst dran und schaust Dir erstmal näher an, wie und warum es bisher so gelaufen ist wie es lief – und benutzt dabei genau die „Brille" Deiner Grundmotive, die ich Dir in diesem Kapitel verpasst habe. Und genau das machen wir jetzt, und dann wird Dir wahrscheinlich schon Einiges klarer werden. Ich kann Dir versprechen - das wird spannend aber auch anstrengend. Also: Anschnallen und los geht's!

Was hab' ich da nur gemacht – und vor allem: Warum…? Die Lebenskurven

Du wirst in diesem Kapitel einen Blick auf Dein bisheriges Leben werfen und bekommst dabei ein paar hilfreiche Fragen mit auf den Weg. Wenn Du Dir ehrliche Antworten auf diese Fragen gibst, wirst Du Dich ein ganzes Stück weit selbst besser verstehen. Die „Brille" der Grundmotive spielt ebenfalls eine Rolle dabei – sie unterstützt Dich dabei, wenn es am Schluss darum geht, ein inneres Bild davon zu zeichnen, wie „Du tickst". Und wie Dein Leben bisher so verlaufen ist. Klingt kompliziert, aber für Dich mache ich es einfach und schön Schritt für Schritt. Du brauchst: Einen Bleistift, ein Radiergummi, drei Buntstifte.

Auf der nächsten Seite findest Du ein leeres Diagramm. Wie es so mit Diagrammen ist, hat es eine x-Achse (das ist die breite waagerechte Zeile unten) und eine y-Achse (die, wo es dransteht). Die x-Achse stellt Dein Lebensalter dar. Da ich keine Ahnung habe, wie alt Du bist, musst Du sie leider selbst einteilen – je nach Deinem Lebensalter steht also jede senkrechte Unterteilung zum Beispiel für 2 oder für 3 Jahre... und vielleicht geht das mit den eingetragenen Unterteilungen auch nicht ganz perfekt auf. Macht nix - wichtig ist, dass die letzten Jahre rechts im Diagramm ihren Platz finden. Sollten die ersten paar nicht drauf sein, ist das egal.[18] Das heißt, Du fängst mit der Einteilung von rechts an, also sozusagen „rückwärts", beginnend mit Deinem aktuellen und nach links hin

---

[18] Zwar passieren da ganz wichtige Dinge (wie im letzten Kapitel beschrieben), aber weil Du Dich eh' im Zweifel nicht an das erinnern kannst, was diese Dinge ausgelöst hat, kannst Du in diesem Diagramm da auch kaum etwas einzeichnen.

abnehmendem Lebensalter. So, das machst Du jetzt erstmal.

Fertig? Gut, dann geht's weiter. Die y-Achse links hat keine Unterteilung, wie Du siehst. Das wäre auch sinnlos, denn sie bezieht sich nicht auf Dinge, die man zählen oder messen kann wie Lebensalter oder Einkommen. Hier geht es um Dinge, die Du selbst einschätzen musst. Dazu musst Du erstmal nur wissen: Oben heißt auf dieser Linie fürs Erste „gut", unten heißt „nicht so gut". Das kannst Du so auch reinschreiben, wenn Du willst.

Jetzt nimmst Du einen Bleistift[19] und zeichnest die erste Linie ins Diagramm ein. Dabei geht es um <u>schulische und berufliche Dinge</u>. Die Frage dazu lautet kurz und knackig: „Wie lief's?". Oder in der Langfassung: Gab es Zeiten, in denen alles so lief wie geplant - oder in denen es sogar optimal lief, obwohl es nicht so geplant war? Deine **„BERUFSKURVE"** sollte zu diesen Zeiten nach oben ausschlagen. Ausschläge nach unten sind für die „Tiefschläge" Deiner Biografie da: Wann bist Du wo rausgeflogen, warst arbeitslos, hast ein Studium oder eine Ausbildung abgebrochen - solche Sachen. Dabei geht es nicht unbedingt um Dein Einkommen oder darum, wie viel Verantwortung Du jeweils getragen hast. Es geht darum, wie Du das für Dich selbst einschätzt. Vielleicht hast Du ja einen einträglichen Job gegen einen weniger gut bezahlten, aber viel interessanteren und befriedigenderen

---

[19] ...und das Radiergummi kannst Du Dir gleich dazu legen. Weil Dir nämlich ziemlich sicher später noch ein paar Dinge einfallen werden, die noch mit rein müssen.

eingetauscht. Wenn das aus Deiner Sicht im Rückblick eine super Entscheidung war und sich gelohnt hat, dann macht die Kurve an der Stelle einen Sprung nach oben und nicht nach unten. Du kannst auch die jeweiligen Ereignisse oder Abschnitte klein daneben schreiben. Nimm Dir mal locker mindestens eine halbe Stunde Zeit dafür, und sei ehrlich mit Dir[20]. Wenn Du eine Weile davor sitzt, wirst Du merken, dass da doch mehr Dinge eine Rolle gespielt haben, als man am Anfang so meint.[21]

---

[20] Sieht ja sonst keiner!
[21] Ich sage nur: Radiergummi…

y-Achse

Alter (von rechts aus rückwärts in passenden Schritten eintragen)

Wenn die Kurve dann irgendwann fertig ist weil Dir wirklich nichts mehr dazu einfällt, ziehst Du sie mit einem Buntstift schön nach. Jetzt steht Dir Dein Berufsleben buchstäblich vor Augen. Ich weiß ja nicht, wie es bei Dir aussieht, aber bei mir geht's da ganz schön rauf und runter – ich brauche fast die ganze Skala von unten bis oben. Vielleicht ist das bei Dir anders? Hast Du eine klare Berufsbiografie, wo es immer schön in eine Richtung ging, oder gab es Highlights und echte Tiefschläge? Zeigt Deine Berufskurve insgesamt nach oben, weil es immer besser wurde oder nach unten – oder sieht sie eher aus, als wäre ein betrunkener inkontinenter Käfer übers Papier gekrabbelt?

So. Und folgende **Fragen** zur **BERUFSKURVE** beantwortest Du Dir jetzt[22]:

1. Schau Dir mal vor allem die Knicke und Dellen an: Wurden die durch Dein eigenes Handeln verursacht oder waren andere dafür verantwortlich? Wenn Du es selbst warst: Was hat Dich dazu gebracht, die jeweilige Veränderung einzuleiten? Wenn nicht: Warum warst Du nicht beteiligt? Hättest Du Einfluss nehmen können? Wie?

2. Waren noch andere Menschen von den Veränderungen betroffen? Wie? Kamen sie in Deinen Überlegungen damals vor?

3. Hat sich im Lauf der Zeit Dein Blick auf Deine schulische, studentische oder berufliche

---

[22] Und die Antworten schreibst Du Dir mindestens in Stichworten auf.

Entwicklung grundsätzlich verändert? Sind Dir andere Dinge wichtiger geworden als früher?

Wenn Du diese Fragen in Ruhe beantwortet hast, wäre es eigentlich schon Zeit für eine kleine Pause. Denn dann hast Du auch wirklich schon was „weggearbeitet".

[…] [23]

So – Pause zu Ende. Ich will, dass Du ein umfassendes Bild Deines Lebens bekommst. Deswegen geht es jetzt weiter mit der nächsten Kurve, und bei der geht es um Dein „**PRIVATLEBEN**"[24]. Wichtig dafür sind: Beziehungen (Liebesbeziehungen, aber auch Freundschaften und enge familiäre Beziehungen), daneben aber auch bedeutende Hobbys oder zum Beispiel auch längere Auslandsaufenthalte oder Umzüge. Diese übrigens auch dann wenn sie beruflich bedingt waren – hier geht's um die Auswirkungen auf Dein privates „Lebensgefühl". Kurz: Die gar nicht so einfache Antwort auf die Frage „Wie ging es Dir damals so privat?". Wenn Dir beim Erinnern konkrete Dinge einfallen, die für Dein Wohlbefinden damals wichtig waren, dann trag' sie gleich mit ein. Und wenn Du damit fertig bist, ziehst Du sie schön ordentlich mit einem anderen Buntstift nach. Vielleicht merkst Du ja jetzt schon, dass die beiden Kurven nicht unbedingt parallel laufen müssen.

---

[23] …hier bitte etwas Pausenmusik denken…
[24] Ich hoffe mal für Dich, dass Du eines hast.

So, und nun kommen ein paar unvermeidliche Fragen zu Deiner **PRIVATLEBENKURVE**:

1. Was war für Dein privates Wohlbefinden wichtiger: Partner, Familie oder Freunde oder Hobbies? Oder noch etwas anderes? Und war das immer so oder hat sich daran im Lauf der Zeit etwas geändert?

2. Wenn Du mal so drüber schaust: Hast Du privat auch mal so richtig Mist gebaut? Falls ja: Was (oder wer) hat Dich damals dazu gebracht, so und nicht anders zu handeln? Und: Bereust Du das heute immer noch oder bist Du längst drüber weg? Oder war es vielleicht auf lange Sicht nicht mal so schlecht?

3. Eine letzte Frage: Gab es Dinge, die Du <u>nicht</u> gemacht hast – aus heutiger Sicht aber tun würdest? Und falls das der Fall ist: Warum würdest Du heute anders handeln? Was genau hat sich in Dir oder um Dich herum verändert, das dazu geführt hat?

Beantwortet? Dann mal durchatmen und für einen Moment mal an was anderes denken…

Und jetzt noch eine letzte Kurve, dann hast Du es erstmal geschafft: Diese ist ein wenig anders als die beiden ersten, denn jetzt geht es nicht um „gut" oder „schlecht" sondern eher um „stärker" oder „schwächer". Ich will, dass

Du jetzt einzeichnest, wie stark oder wie schwach für Dich im Lauf Deines bisherigen Lebens deine **ÜBERZEUGUNGEN** waren[25].

Dabei ist mir egal, ob es sich dabei um religiöse Überzeugungen / persönlichen Glauben handelt oder um politisch-weltanschauliche Ideen. Oder auch um philosophische. Wenn sie Dich und Dein Leben geprägt haben, dann gehören sie hier rein. So etwas verändert sich ja auch durchaus bei vielen Menschen im Lauf des Lebens, und wenn das bei Dir der Fall war, solltest Du stichwortartig eintragen, wovon Du jeweils überzeugt warst.[26]

Fragen zur **ÜBERZEUGUNGSKURVE**:

1. Die erste liegt praktisch auf der Hand und ist leicht zu beantworten: Bist Du über lange Zeit immer von der gleichen Grundüberzeugung „angetrieben" worden oder hat sie sich deutlich verändert? Wenn das der Fall ist: Kamen diese Veränderungen „über Nacht" oder eher so „schleichend und unmerklich"? Kannst Du sagen, wodurch sie sich verändert haben?

---

[25] Auch hier wieder: Hoffentlich hattest Du welche. Vermutlich schon, irgendwelche hat wirklich fast jeder.
[26] An dieser Stelle erinnere ich nochmal daran, dass Du ehrlich sein wolltest! Es gibt keinen Grund, sich für frühere Überzeugungen zu schämen. Also eintragen! Auch wenn da nur steht: „nur gemacht, worauf ich gerade Bock hatte", oder so etwas. Wenn es von Bedeutung für Dein Handeln war, ist spätestens jetzt der Punkt gekommen, dazu zu stehen. Und wieder gilt natürlich: Sieht ja außer Dir keiner!

2. War es jetzt eigentlich einfach, Deine Überzeugungen zu benennen, weil sie Dir damals schon klar waren? Oder musstest Du erstmal ordentlich in Dich gehen?

3. Gibt es ein zeitlich übergreifendes „Gesamt-Motto" und falls ja, wie lautet es? Versuch es mal in einen einzigen Satz zu packen.

So – und nun nimmst Du Dir die Ergebnisse des Tests noch dazu. Du wirst sehen, dass Deine Persönlichkeit und Deine ganz eigenen Grundmotive Dein Leben bedeutend (mit)bestimmt haben.

Ein ausgeprägtes **Machtmotiv** zeigt sich gern in (manchmal einsamen) Entscheidungen. Da ist ganz klar: Ich habe hier das Heft in der Hand, und selbst wenn ich mit meiner Entscheidung daneben liege, dann hab' ich sie wenigstens selbst getroffen. Was ich gar nicht vertrage ist, zum Spielball der Interessen anderer Leute zu werden. Dann breche ich lieber aus und bin wenigstens aktiv geworden – selbst wenn ich dadurch Nachteile haben sollte.

Das **Anschlussmotiv** wirkt im Einfluss anderer Menschen in Deinem Umfeld auf Deine Entscheidungen: Entweder Du hast Dich an ihnen orientiert oder Du hast den Einfluss Deiner Entscheidungen auf andere intensiv mitbedacht: „Was bedeutet das für meine Umwelt? Und: Wie werden die Anderen das wohl finden? Lösen manche Entscheidungen womöglich Konflikte oder gar Beziehungsabbrüche aus? Na, dann lass ich das mal lieber…"

Das **Leistungsmotiv** wirkt sich oft durch eine starke Struktur-Orientierung aus: Ich habe ein_mal (und zwar in aller Ruhe und nach Abwägung aller Argumente) entschieden, und ich habe das deshalb auch richtig entschieden. Und es gibt daher auch überhaupt keinen Grund, noch irgendwelche größeren Veränderungen anzustoßen. Und überhaupt: Veränderung ist mit Unsicherheit verbunden, Veränderung bedeutet Unkontrollierbarkeit. Das mag der Leistungsmotivierte mal so gar nicht. Da bleiben wir mal lieber bei dem was wir haben und was wir kennen. Und alles andere nennen wir „Aktionismus"…

Du bekommst von mir jetzt die folgende Aufgabe: Nimm Dir die drei Lebenskurven nochmal vor und schau Dir genau an, was von Deinen persönlichen Grundmotiven Du darin so wiederfindest. Du kannst die entsprechenden Stellen markieren und unter diesem Abschnitt ins Buch eintragen, **was** von diesen Motiven Dein Leben jeweils **wie** beeinflusst hat. Du erhältst auf diesem Weg einen guten Überblick darüber, was Dich jeweils dazu gebracht hat, so zu handeln, wie Du gehandelt hast. Ich bin mir ziemlich sicher, dass Du deutlich siehst, wie wichtig Deine individuellen Grundmotive bisher für Dein Leben waren. Das ist ja auch völlig in Ordnung so und wird sich vermutlich auch nicht ändern. Du musst auch nicht gegen sie arbeiten sondern mit ihnen. Wie das geht, erkläre ich Dir später. Aber zuerst beschäftigst Du Dich jetzt nochmal mit Deinen drei Lebenskurven.

Trage hier Deine wichtigsten Erkenntnisse ein:

So – und jetzt ist wirklich erstmal eine längere Pause angesagt. Du merkst, ich habe Dir nicht zu viel versprochen: Lässig abhängen gibt's bei mir nicht. Ohne echte Arbeit kommst Du halt nicht weiter, und ich mach sie bestimmt nicht für Dich. Aber Du hast jetzt ein paar wichtige Schritte getan, und im Ergebnis liegt „Dein Leben auf Papier" vor Dir – und es ist auch schon ein wenig von Dir überdacht worden[27]. Jetzt legst Du die Kurven und dieses Buch fürs Erste mal weg und arbeitest frühestens morgen weiter daran. Das wird nochmal richtig anstrengend. Deshalb: Dienstschluss für heute, gönn' Dir heute mal was, Du hast es Dir verdient. Von mir bekommst Du jedenfalls Ausgang bis zum Wecken.

---

[27] Im Sinne von „überdenken" – nicht von „überdachen"…

Kleines Lebenskurvencoaching

Heute versuche ich mit Dir „per Buch" ein kleines Coaching anhand Deiner drei Lebenskurven – so ähnlich, wie ich das vielleicht auch in einem Coachinggespräch machen würde. Mit Einschränkungen natürlich, und das bedeutet hier: Ich frage – Du antwortest. Pro Seite gibt es eine Frage von mir, und Du schreibst die Antwort bitte unten auf die Seite[28]. Erst dann (!) blätterst Du bitte weiter und beschäftigst Dich mit der nächsten Frage, sonst funktioniert das Ganze nicht. Los geht's.

FRAGE 1: Stell Dir vor, Du legst Deine Lebenskurven einem völlig fremden Menschen vor, sagen wir mal zum Beispiel mir. Welche Deiner Stärken würde ich wohl darin erkennen? Welche Chancen würde für Deine Zukunft würde ich darin sehen?

---

[28] Oder auf ein gesondertes Blatt Papier, falls Du das Buch noch jemand anderem zu lesen geben willst. Als Autor kann ich das allerdings überhaupt nicht empfehlen. Also: Weiterempfehlen: Ja! Weitergeben: Nix da!

FRAGE 2: Ich stelle Dir nun eine (einzige) Frage dazu. Welche Frage wäre das?

FRAGE 3: Und was antwortest Du mir auf meine Frage?

FRAGE 4: Und was bedeuten die Frage und die Antwort für Dich jetzt? Welche Schlüsse ziehst Du selbst daraus?

Theoretisch kann ich praktisch alles. Starke und nicht ganz so starke Seiten

Im ersten Kapitel hatte ich ja schon versprochen, dass es sich lohnt, sich mit den eigenen „Stärken" zu beschäftigen. Also mit den besonders ausgeprägten Persönlichkeitsanteilen. Da wir den Einstieg über die drei Grundmotive gemacht haben, nutzen wir die jetzt auch, um gemeinsam da mal etwas genauer hinzuschauen.

Es ist so: Auch wenn wir ganz grundsätzlich jeweils von einer Mischung der drei grundlegenden Motive angetrieben werden, sind wir ja zum Glück alle ziemlich verschieden. Die „praktische Umsetzung" dieser Motive kann halt sehr unterschiedlich ausfallen. So lassen sich jedem der drei Grundmotive gleich eine ganze Reihe von wunderbaren Eigenschaften zuordnen, persönliche Stärken sozusagen, die man an Menschen gut finden und vielleicht auch bewundern kann. Und die Du auch an Dir gut finden darfst! Jedes der drei Motive lässt sich also ganz unterschiedlich ausleben, und das heißt auch: Bei Menschen mit dem gleichen Hauptmotiv können jeweils durchaus ziemlich unterschiedliche Stärken besonders ausgeprägt sein. Manchmal auch mehrere, aber in unterschiedlichem Umfang. Und wie Du Dein Hauptmotiv (oder Deine beiden Hauptmotive, falls es zwei sind) umsetzt, das kann sich auch im Lauf Deines Lebens ändern – selbst wenn die Motive dabei stabil bleiben. Ich habe Dir hier mal drei kleine Listen mit ein paar solcher Stärken für die drei Motive aufgeschrieben. Schau sie Dir mal an und überlege, ob Du Dich da irgendwo besonders wiederfindest. Es kann sein, dass es wieder spontan bei einem Begriff bei Dir „klingelt". Das wäre dann wahrscheinlich eine Stärke, die für Dich im Moment wichtig ist, die Dein Denken, Fühlen und Handeln intensiv bestimmt. Vielleicht fällt Dir aber auch ein anderer Begriff ein, der für Dich einfach besser passt. Dann nimmst Du halt den. Gehe die „Stärken-Listen" also mal in Ruhe durch und wähle von Deinem Hauptmotiv bzw. Deinen beiden Hauptmotiven einen aus bzw. suche Dir einen, der so richtig gut passt.[29]

Stärken des **MACHTMOTIVS**

- aktiv sein
- selbstbestimmt leben
- zügig zugreifen
- Stärke demonstrieren
- Erfolg zeigen
- Verantwortung übernehmen
- Durchhalten
- Vorweg gehen

Stärken des **ANSCHLUSSMOTIVS**

- Kompromisse finden
- Nachgeben können

---

[29] Ein Gedanke am Rande: Schau dabei vielleicht nochmal in Deine Lebenskurve und auf die Stärken, die der „fremde Beobachter" darin entdeckt hat. Geht das womöglich in die gleiche Richtung? Oder hast Du inzwischen Stärken an Dir kennengelernt, die in Deinem bisherigen Leben noch keine richtige Gelegenheit hatten, wirksam zu werden? Jetzt jedenfalls geht es um die Stärke, die für Dich jetzt (!) passend ist.

- Sich kümmern
- Gute Atmosphäre schaffen / pflegen
- Frieden schaffen
- Kontakt aufbauen und halten
- Alle mitnehmen
- Flexibel auf Andere reagieren

Stärken des **LEISTUNGS-/STRUKTURMOTIVS**

- Ordnung herstellen oder halten
- In logischen Strukturen denken
- Verlässlich sein
- Immer mehr wissen wollen
- Unabhängig von Anderen sein
- Die eigene Intelligenz einsetzen
- Das Richtige beharrlich vertreten
- Risiken kühl abschätzen

Nun erstmal ein kleiner Exkurs zum Verständnis dessen, was jetzt kommt: Der Psychologe Friedemann Schulz von Thun (Universität Hamburg) hat sich mit Werten beschäftigt. Also damit, was einem so richtig wichtig ist.[30] Häufig sind diese Werte uns gar nicht wirklich bewusst, aber wirksam sind sie natürlich trotzdem. Und gerade weil sie oft unbewusst sind, wirken sie gern mal ziemlich „ungezügelt". Deshalb benötigt jede „Tugend" (so hat er die Werte genannt) eine „Schwestertugend", die dafür

---

[30] Er hat Einiges dazu veröffentlicht, aber selbst „erfunden" hat er es nicht. Das „Wertequadrat", das er benutzt und das ich hier auch beschreibe, geht wohl ursprünglich auf den Psychologen Nicolai Hartmann (1882-1950) zurück. Ist aber hier nicht so wichtig. Ich wollte nur mal ein bisschen mit meinem umfangreichen Hintergrundwissen angeben...

sorgt, dass sie nicht ausufert und zur Untugend wird, meint Friedemann Schulz von Thun.[31]

Brauchst Du ein Beispiel? Von mir aus. Nehmen wir den Wert „Unabhängigkeit"[32]. Es ist ja an sich eine wunderbare Sache, wenn jemand von sich sagen kann (oder es zumindest von sich glaubt), dass er sich sein Urteil aufgrund von vernünftigen Argumenten und verlässlichen Daten bildet und sich nicht vom Geschwätz anderer Leute davon abbringen lässt. Sowas wünscht man sich doch eigentlich, oder?

Nun kann eine solche „Unabhängigkeit" auch überhand nehmen. Wer auf Teufel komm' raus darauf beharrt, der kann gleich in mehrere Fallen tappen. So gibt es zum Beispiel in manchen Lebensbereichen „die eine Wahrheit", die unter allen Umständen gültig ist, überhaupt nicht. Da ist ein Beharren auf der eigenen Meinung wenig hilfreich, vielmehr wäre etwas Toleranz gegenüber anderen Ansichten angebracht. Außerdem spielt bei solchen „unabhängigen" Urteilen ganz häufig nur der Kopf eine Rolle – oder zumindest bilden wir uns das gern ein. Die eigenen Emotionen werden dann außen vor gelassen, in Wirklichkeit beeinflussen sie uns aber doch oft in unserem Urteil. Und schließlich kann man drittens Menschen kaum besser vor den Kopf stoßen, als wenn man ihnen sagt, dass sie keine Ahnung haben[33]. Wer auch zukünftig mit diesen Leuten zu haben will oder muss, tut gut daran, sich nicht nur auf sein (angeblich) unfehlbares weil logisches Urteil zu verlassen.

Das wäre schon eine ganze Reihe guter Gründe, die Tugend „Unabhängigkeit" nicht ganz ohne jede Aufsicht

---

[31] Und ich auch.
[32] Ein typischer Wert für Struktur-/Leistungsorientierte, siehe oben.
[33] Auch wenn's stimmt.

regieren zu lassen. Und für genau diese Aufsicht ist ihre Schwestertugend zuständig. Ein ausgleichender Einfluss, der das Ganze sozusagen im gesunden Gleichgewicht hält.

Soweit verstanden?[34] Dann geht es jetzt also darum, wie man diese Schwestertugend erkennt. Und darum, wie man sie dann ins Leben „einbaut". Genau das zeige ich Dir jetzt am Beispiel „Unabhängigkeit" – und Du hast den Auftrag, diese Methode auf Deine besondere Stärke anzuwenden. Die Methode heißt „Wertequadrat" und ist eigentlich eine Überlegung in vier Schritten.

Schritt Nummer 1: **Die eigene Stärke finden.** Herzlichen Glückwunsch: Das hast Du schon getan. In unserem Beispiel wäre das die „Unabhängigkeit".

Schritt Nummer 2: **Was wäre das absolute und überhaupt nicht wünschenswerte Gegenteil dieser Tugend?** Hier musst Du kreativ werden, auch wenn's wehtut: Wie könnte man das nennen? Im Beispiel „Unabhängigkeit" könnte man vielleicht „Opportunismus" wählen: Typisch für einen, der sein Mäntelchen nach jedem lauen Lüftchen hängt und sich davon Vorteile erhofft. Der eigentlich gar keine eigene Meinung hat. Schrecklich! Diese Position im Wertequadrat heißt „konträrer Gegensatz".

---

[34] Du weißt schon (nicken).

Schritt Nummer 3: Nun kommt der nächste Schritt: Du überlegst Dir, was denn **das negative, nicht wünschenswerte Gegenteil** von Opportunismus ist.[35] Das müsste also das Verhalten von jemandem sein, der sich nie und unter keinen Umständen nach anderen richtet, der nicht nur unabhängig, sondern dem die anderen schlicht scheißegal sind. Der auf seiner Meinung beharrt, egal was kommt und ob das irgendwem nützt. Vorschlag: Wie wäre es mit „Sturheit"? Im Wertequadrat nennt man diese Position übrigens „entwertende Übertreibung".

Schritt Nummer 4: Um nun die Schwestertugend zur Unabhängigkeit zu finden, fehlt Dir jetzt nur noch **das „positive Gegenteil"** zur Sturheit. Wie nennt man es, wenn einer eben nicht auf Biegen und Brechen auf der eigenen Meinung beharrt sondern – bei aller Standfestigkeit – ein bisschen flexibel ist? Ich schlage mal vor: Dialogfähigkeit.[36]

---

[35] Ja, es gibt immer (mindestens) eins!
[36] Man kann die Methode auch in anderer Reihenfolge durchführen, also zum Beispiel zuerst zu der entwertenden Übertreibung springen. Mir persönlich fiel immer das Vorgehen so leichter, wie ich es beschrieben habe. Wenn Du damit aber nicht weiterkommst, denke ruhig mal um „die andere Ecke".

Und was heißt das jetzt? Wenn Deine größte Stärke, also das was für Dich ganz vorn steht, die Unabhängigkeit ist, dann brauchst Du dazu auch Dialogfähigkeit. Denn wie jede Stärke, so hat auch die Unabhängigkeit ihre „Schattenseite", und zwar dort, wo sie Dich daran hindert, mit anderen gut im Gespräch zu bleiben. Egal ob beruflich oder privat: Je wichtiger Unabhängigkeit für Dich ist und je unabhängiger Du Dich fühlst, umso wichtiger ist es, auf die eigene Dialogfähigkeit zu achten. Das heißt nicht, dass Du Dich deshalb abhängig machen müsstest. Aber zuhören und angemessen reagieren können, das gehört schon dazu.

So – nach diesem ausführlichen Beispiel nimmst Du Dir jetzt Deine eigene Stärke (oder Stärken aus zwei Grundmotiven) vor und drehst sie einmal durch die Mühle des Wertequadrats! Und wenn Du das gemacht hast, bleibt nur noch die Frage:[37]

Und wie setze ich das jetzt um?

Wie baue ich dieses Gleichgewicht zwischen Stärke und „Gegenstärke" jetzt ins Leben ein? Und zwar so, dass es wirklich wirksam wird – und nicht nach dem Motto „schön, dass wir mal drüber gesprochen haben", in der Versenkung verschwindet. Das ist zum Glück im Prinzip nicht so schwierig. Die ersten beiden Schritte, und wohl die wichtigsten überhaupt, hast Du schon gemacht: Du hast erstens verstanden, dass eine Stärke nicht unbedingt nur etwas Positives ist, sondern dass man sich in ihr verrennen kann, dass sie einem Scheuklappen aufsetzen

---

[37] HALT! Das war jetzt nur eine gekonnte rhetorische Überleitung von mir. **ERST** machst Du das jetzt mal! **DANN** sehen wir weiter...

kann, dass sie deshalb eine Kontrolle braucht. Und Du hast zweitens diese für Dich wichtige Kontrollinstanz gesucht und auch schon gefunden. Um beim Beispiel „Unabhängigkeit" zu bleiben: Dir ist klar geworden, dass „Dialogfähigkeit" ein ganz wichtiger Punkt für Dich ist, den Du im Blick behalten solltest.

Worauf es ankommt: Immer wenn Deine Stärke sich meldet („Ha! Wie wunderbar unabhängig ich mal wieder bin!") sollte sich ihre Schwester („Mooomemt! Bist Du auch noch im Kontakt mit Deiner Umwelt?") zu Wort melden. Nicht ganz zufällig habe ich in diesem Beispiel die Schwesterstärke als Frage formuliert. Es ist sinnvoll, wenn Du ebenfalls eine passende Frage für Dich findest, sozusagen als Appell an Dich selbst. Und tu das ruhig auch in der Form „Du" (statt „ich"). Solche Selbst-Appelle in genau dieser Form sind nämlich am wirksamsten. Da ist gewissermaßen einer, der Dir das sagt.[38]

Hier hilft Dir Dein Körper

An dieser Stelle nutze ich jetzt mal ein anderes hilfreiches Konstrukt aus der Psychologie, nämlich das des kanadischen Neurowissenschaftlers[39] Antonio Damasio. Er hat es „somatische Marker" genannt – das ist zum Glück nichts Schlimmes, und jeder hat's. Der Begriff kommt von „soma", auf Griechisch heißt das „Körper". Somatische Marker sind also nichts weiter als Signale aus Deinem eigenen Körper, die Dich auf etwas hinweisen

---

[38] Ja - schon klar, dass Du selbst das bist. Aber dieses „innere Gegenüber" ist tatsächlich hilfreicher als wenn Dein „Ich" sich mit sich selbst unterhält. Dafür gibt es wissenschaftliche Belege. Echt!
[39] sprich: „Hirnforscher".

(sollen). Sie stammen zwar in Wirklichkeit gar nicht aus dem Körper, sondern genauso aus Deinem Hirn wie das bewusste Denken, aber gewissermaßen aus dessen tieferen Schichten[40]. Wenn ich sie hier trotzdem einfach mal als „Bauchgefühle" bezeichne, hast Du wahrscheinlich schon eine ganz gute Idee, worum es geht. Wenn mich etwas begeistert, dann spüre ich diese Begeisterung ganz körperlich – wobei es unterschiedliche Arten geben kann, wie und wo. Das kann ein Kribbeln in der Magengegend sein, ein warmes Gefühl im Gesicht oder auch ein reflexhaftes kurzes Einatmen, weil der Brustraum „aufgeht". Das Gleiche gilt für negative Empfindungen, die sich häufig im Magen, im verkrampften Nacken oder Ähnlichem äußern. Bei jedem Menschen ist das etwas anders, und was Deine Marker sind, kannst nur Du allein herausfinden.

Diese Marker sind tatsächlich auch im Hirn nachweisbar. Und, besonders wichtig: Man kann zeigen, dass sie dort früher unterwegs sind als unsere bewussten Gedanken! Das heißt: Noch bevor mir klar wird, dass ich mich zum Beispiel für etwas besonders interessiere, sind die Marker schon längst am Werk. Sie sind allerdings zwar schnell, arbeiten dafür aber nicht besonders genau. Im Prinzip zeigen sie nur „gut" oder „nicht gut" an, kennen also keine genaueren Abstufungen. Antonio Damasio meint, dass sie unseren bewussten Gedanken nicht nur zeitlich vorangehen, sondern auch deren grundsätzliche Richtung beeinflussen. Ungefähr so: Etwas, das mich begeistert, tut das zuerst irgendwie ganz allgemein als „somatischer Marker", noch bevor ich darüber nachdenken kann (also als ein „Hey, das ist klasse!"). Wenn ich dann darüber

---

[40] Wenn Du es ganz genau wissen willst: Die Signale stammen sehr wahrscheinlich aus der ventromedialen präfrontalen Region Deiner Großhirnrinde. Jetzt zufrieden?

nachdenke, finde ich im Prinzip nur noch im Nachhinein ein paar gute Gründe, warum ich begeistert bin.[41] Die Körperempfindung („Bauchgefühl") ist damit ein zentraler Bestandteil von Entscheidungsfindungen. Menschen, denen sie zum Beispiel durch eine Gehirnverletzung abhandengekommen ist, können tatsächlich kaum mehr komplexe Entscheidungen treffen. Diese Gefühle sind wirklich wichtig für uns – nur nehmen die meisten von uns sie praktisch nicht mehr wahr. Schade eigentlich, oder?

Diese Empfindungen sind weder angeboren noch vom Himmel gefallen. Sie stammen vielmehr aus unbewusst abgespeicherten Lernerfahrungen. Das heißt: Wenn mich etwas begeistert, dann liegt das an früheren (guten) Erfahrungen mit diesem Thema – die ich wahrscheinlich oft gar nicht mehr bewusst abrufen kann, weil sie längst vergessen sind. Als „Bauchgefühl" ist das aber alles noch da - sozusagen als eine Art „zweites Gedächtnis". Wir haben da also einen uns gar nicht bewussten Schatz an Erfahrungen mit im Gepäck. Und den können und sollten wir auch ruhig nutzen. Das jetzt aber wieder bewusst!

Jetzt aber wieder zurück zu Dir: Du hast besondere Stärken – mit einer ganz wichtigen davon beschäftigst Du Dich ja gerade. Die Tatsache, dass sie bei Dir so besonders ausgeprägt ist, beruht auf positiven Erfahrungen damit, die wahrscheinlich bis in Deine frühe Kindheit zurückreichen. Aber nicht nur damals, auch später hast Du gute Erfahrungen mit dieser Stärke, dieser Art zu fühlen, zu denken und zu handeln, gemacht. Und das hat sich auf Deine somatischen Marker ausgewirkt. Wenn Du ganz besonders „unabhängig" bist, dann kannst

---

[41] Vereinfacht gesagt. Natürlich sind wir nicht die Sklaven unseres „Bauchgefühls". Aber es hat schon eine wichtige Bedeutung.

Du das wirklich in allen Situationen spüren, in denen Du diese Unabhängigkeit einsetzt.

Du tust es bloß (wahrscheinlich) nicht. Woher ich das weiß? Weil das den meisten von uns so geht: Somatische Marker, die unsere Entscheidungen und damit unsere Handlungen ganz wesentlich beeinflussen, die spüren wir oft kaum. Wir sind zu sehr mit Denken beschäftigt. Und unsere ganze Kultur hat für „Bauchgefühle" allgemein recht wenig übrig, es geht ja meist um „rationale Entscheidungen". Die gute Nachricht: Man kann das wieder lernen.

Aha. Und wie mache ich das?

Das machst Du in zwei Schritten. Den ersten gehst Du jetzt sofort – als kleine praktische Übung[42]:

Erinnere Dich mal an Situationen, in denen Deine Stärke besonders zum Zuge kam. Du darfst Dich dabei ausnahmsweise mal entspannen und sogar die Augen schließen, wenn Du willst (gleich, erst weiterlesen). Such Dir also eine bequeme Sitzhaltung oder leg Dich sogar hin und versetz Dich richtig hinein in diese Situation. Stell sie Dir bildlich vor: Wie war das – wie hast Du dabei gestanden oder gesessen? Wie hast Du geatmet, wie hat es sich angefühlt? Was war Dein gutes „Bauchgefühl" in dieser Situation? Wo und wie hast Du es gespürt? Kannst Du Dir selbst beschreiben, wie und was es war? Prima – genau da will ich mit Dir hin! Das wäre der erste Schritt. Falls Du nicht zufrieden bist, nimm Dir Zeit, mach erstmal

---

[42] Falls Du meinst, Du kannst die überspringen: Vergiss es! Sie ist wichtig, und ohne diesen ersten Schritt geht der zweite nicht. Wie eigentlich immer, oder?

was Anderes und wiederhole die Übung dann einfach noch einmal.

Der zweite Schritt findet in den kommenden Tagen statt, und den machst Du mehrmals: Du wirst Situationen erleben, in denen Deine Stärke zum Zuge kommt. Ich gebe Dir jetzt den Auftrag, dass Du in diesen Situationen auf dieses Bauchgefühl, also auf Deinen persönlichen somatischen Marker achtest. Du weißt dann ja schon, woran Du ihn erkennst.[43]

Verlass Dich drauf, wenn Du ihn einmal richtig verstanden hast, dann wirst Du ihn auch wiedererkennen. Du kannst ihn innerlich begrüßen – er gehört zu Dir und hat Dich sowieso schon lange begleitet. Jetzt wo Du ihn kennengelernt hast, kannst Du ihm freundschaftlich auf die Schulter klopfen wie einem alten Bekannten.

Und was mache ich dann damit?

Dann ist es Zeit, den Kopf anzuschalten. Dazu hast Du ihn schließlich[44]. Du hast gelernt, Dein Bauchgefühl wahrzunehmen. Das bedeutet aber nicht, dass Du ihm uneingeschränkt vertrauen musst. Gelegentlich liest man Sätze wie „Wir müssen wieder lernen, unserem Bauchgefühl zu vertrauen." Meine Meinung dazu: Das ist totaler Quatsch! Was wir lernen müssen ist, es überhaupt wahrzunehmen. Und ihm dann eben nicht blind zu vertrauen sondern im Gegenteil mit gepflegter Skepsis zu begegnen. Vergiss nicht – es handelt sich um sehr

---

[43] Siehst Du? Wie gut, dass Du den ersten Schritt gemacht hast. Ich hab Dir ja gesagt, ohne den geht es nicht.
[44] Vermute ich mal…

tiefsitzende Lernerfahrungen, die Dein Fühlen, Denken und Verhalten beeinflussen wollen. Nicht um irgendwelche absoluten Wahrheiten und auch nicht um Fingerzeige des Schicksals. Wenn Du an Deinen Stärken arbeitest, vor allem durch das Beachten Deiner „Schwestertugend", dann soll deshalb immer dann, wenn der somatische Marker sich meldet, auch Deine persönliche „Korrekturfrage" kommen. Das kannst Du trainieren. Und ich garantiere Dir jetzt schon mal, dass diese Frage Dir zunächst ganz oft einfallen wird – und zwar immer genau, <u>nachdem</u> die Situation vorbei ist... das macht aber nichts. Training ist nichts weiter als Wiederholung, bis es klappt. Und das wirst Du von nun an genauso machen. Wiederholen. Bau es in Deinen Alltag ein. Du wirst schon bald merken, was es bewirkt.

Damit hast Du einen klaren Auftrag für die nächste Zeit, der Dich schon genug beschäftigen wird. Das heißt, im Prinzip kannst Du das Buch jetzt erstmal für eine Weile weglegen. Und zwar genau so lange, bis Du gelernt hast, im Alltag auf Deine Stärke(n) zu achten und sie gleichzeitig exakt so weitgehend zu „zähmen", dass Du sie optimal einsetzen kannst. Damit hast Du einen riesigen Schritt gemacht, um besser mit Deiner Umwelt umzugehen, die immer gleichen Fehler und Fallen zu erkennen und zu vermeiden. Wie lange Du dafür brauchst? Weiß ich nicht, denn das hängt von Dir ab. Versprechen kann ich Dir aber: Du wirst erkennen, wenn Du soweit bist. Ach, eins noch: Auch dann machst Du weiter damit. Es hört nicht auf. Aber es wird immer einfacher.

Die Vision: Finden und formulieren (mal eben…)

Dieser Abschnitt dreht sich um das „V" in „MOVES" – um Deine Vision. Ich hab es vorne schon mal irgendwo geschrieben: Eigentlich mag ich den Begriff nicht so – ich finde, er klingt ein wenig nach kleinen rosa Elefanten oder Stimmen aus dem Nirgendwo. Aber ein besserer ist mir beim besten Willen nicht eingefallen.[45] In diesem Kapitel zeige ich Dir jetzt also

- **warum** eine gute Vision der Dreh- und Angelpunkt ist, wenn Du Dich und Dein Leben verändern willst.
- **was** sie leistet – und auch, wofür sie nicht taugt.
- **wie** Du Deine persönliche Vision formulieren kannst.

Hast Du das erstmal geschafft, wird es im nächsten Kapitel darum gehen, aus dieser Vision konkrete Ziele zu entwickeln, die Dich in die richtige Richtung weiterbringen. Und danach brauchst Du nur noch den Startschuss, um auch wirklich loszumarschieren - und auch den kriegst Du von mir. Zuerst musst Du aber wissen, wohin die Reise gehen soll. Oder in der Sprache unserer marinierten Mitbürger: Vor dem Segelsetzen kommt das Festlegen des Kurses. Wozu dienen Dir die Ziele und die Strategien, um sie zu erreichen? Was steht hinter denen? Das sagt Dir Deine Vision.

---

[45] …und ich brauchte das „V"…

Visionen sind ja nun nichts wirklich Neues und erst recht keine Erfindung irgendwelcher Coaches. Wir machen jetzt mal einen kleinen Ausflug in die frühesten Zeiten der Menschheit, aus denen wir noch Überlieferungen haben und schauen uns die vielleicht früheste noch erhaltene Vision an, die jemand für sein Leben hatte. Für mich ist sie der „Klassiker" überhaupt, der wirklich alles hat, was so eine Vision braucht. Ein sehr hilfreiches Beispiel also.

Die ersten Überlieferungen der Menschheit wurden mündlich von Generation zu Generation weitergegeben. Manche wurden irgendwann später aufgeschrieben, und einige dieser alten Geschichten kennen wir bis heute. Sie enthalten nicht unbedingt immer exakte Informationen über etwas, das wirklich so passiert ist, aber dafür häufig ziemlich kluge grundsätzliche Aussagen, aus denen sich auch heute noch eine Menge mitnehmen lässt. Und eine ganze Reihe solcher Geschichten stehen in einem dicken Buch, das wir auch heute noch genau so nennen.[46] Eine der Geschichten daraus beschreibt den vielleicht ersten bekannten „Visionär" der Menschheitsgeschichte – und ist deshalb genau das, was Du jetzt brauchst. Also los!

Vielleicht sagt Dir ja der Name Abraham etwas. Das war der Stammvater des jüdischen Volkes, der Mann also, den heute noch alle Juden dieser Welt als ihren gemeinsamen Vorfahren verstehen[47]. Laut Überlieferung war Abraham ein wohlhabender Viehzüchter, der zusammen mit seiner Frau Sarai und seiner Sippe vor ein paar tausend Jahren vermutlich irgendwo im heutigen Irak

---

[46] Nämlich „Bibel". Das ist griechisch und heißt nix anderes als „Buch". Keine Sorge, das wird hier kein religiöser Exkurs.
[47] Und alle Araber übrigens auch. Aber das ist eine andere Geschichte.

lebte.[48] Er war fünfundsiebzig Jahre alt und war zwar verheiratet, hatte aber keine Kinder. Zu diesem schon gesetzten Herrn sprach eines Tages Gott höchstpersönlich: „Pack Deine Klamotten, nimm Deine Frau an die Hand und verlass Deinen Clan. Ziehe los in die Fremde. Denn aus Dir will ich ein großes Volk machen. Deine Nachkommen sollen so zahlreich sein wie die Sterne am Himmel. Und jetzt los! Morgen früh um Nullneunhundert ist Abmarsch."[49] Und da steht noch ein Satz in der Geschichte, der mir ganz besonders wichtig ist, nämlich dieser: „Gehe [aus deinem Vaterlande und von deiner Freundschaft und aus deines Vaters Hause] in ein Land, das ich dir zeigen will." Soweit der Wortlaut der Überlieferung.[50]

Im Ernst - wie schräg ist das denn? Mal ganz abgesehen davon, dass so eine Ansprache nicht unbedingt überzeugend wirkt, wenn man fünfundsiebzig Jahre alt, langsam vielleicht schon etwas klapprig und immer noch kinderlos ist. Da wird einem gesagt, er soll alles zusammenpacken, was er besitzt und losziehen. Und dann bekommt er nicht mal eine Richtung dafür. Nur: „…geh in ein Land, dass ich Dir zeigen will." Demnächst mal, sozusagen. Bei Gelegenheit…

Jeder, der einigermaßen bei Trost ist, hätte wohl mindestens zurückgefragt: „Ja, und in welche Richtung soll ich denn losmarschieren? Wo ungefähr liegt denn dieses Land, in dem alles das wahr werden soll? Und wie

---

[48] Zu der Zeit hieß er allerdings noch Abram. So richtig bekannt wurde er dann aber unter seinem späteren Namen. Deshalb benutze ich den hier.
[49] Oder so ähnlich.
[50] Wer es nachlesen möchte: 1. Buch Mose, Kapitel 12. Ziemlich weit vorne in der Bibel.

weit ist es bis dort so etwa?" Abraham hat das nicht gemacht. Er zog los und hat sich darauf verlassen, dass das Ziel erst auf dem Weg klar werden würde.[51]

Genau das ist es, was ich das **„Abraham-Prinzip"** nenne: Ich mache mich auf den Weg und habe erstmal nur eines im Kopf - nämlich das „Fernziel". Das, was ich hier die „Vision" nenne.[52] Für Abraham bestand diese Vision darin, Stammvater eines ganzen Volkes zu werden. Für Dich ist es mit ziemlicher Sicherheit etwas anderes.[53] Der zentrale Punkt dabei: Der genaue erste Schritt ist nicht das wirklich Wichtige. Wichtig sind nur zwei Dinge: Die <u>Vision</u> und die Tatsache, dass Du den <u>ersten Schritt</u> auch wirklich machst. Das heißt hier also: Zuerst kommt die Vision, danach kommt die Aktion - auch für Dich. Was also ist Deine Vision? Wo siehst Du Dich in zehn Jahren und danach? Das ist die erste Frage, die Du beantworten solltest, bevor Du losziehst wie weiland der alte Abraham.

Und die wirst Du jetzt beantworten. Weil die Antwort auf diese Frage aber so wichtig ist, brauchst Du etwas Vorbereitung dafür. Mach es nicht nebenher und auf die Schnelle – das wird nix. Glaub mir. Nimm Dir also eine Auszeit. Geh mal raus aus Deinem Alltag, am besten an einen Ort, an den er Dir nicht folgen kann. Das kann ein Urlaub sein, ein Wochenende, ein Tagesausflug. Hauptsache, Du kommst mal raus. Das ist wichtig, denn wo auch immer Du dann bist, dort wirst Du nicht ständig

---

[51] Und wie's so ist mit der Bibel, ist natürlich alles so geworden wie vorhergesagt... aber darum geht es hier nicht. Es geht ums Prinzip.
[52] „Fernziel" wäre natürlich eine Alternative zu „Vision" gewesen. Aber mal im Ernst: Wie klingt denn „MOFES"?
[53] Ist es nicht erstaunlich, wie gut ich Dich inzwischen kenne?

an zu lösende Probleme, anstehende Aufgaben oder dringende Termine erinnert. Du bist halt „dann mal weg" – es muss ja nicht gleich eine Pilgerreise sein. Schön wäre jedenfalls ein Ort, an dem Du für eine Weile Deine Ruhe hast, aber Du sollst dort nicht abhängen, sondern hochproduktiv sein. Da passiert nämlich der nun wichtigste Schritt von allen, nach den vielen Schritten, die Du schon gemacht hast. Bis hierher hast Du Dich besser kennengelernt, hast Deine grundlegenden Motive angeschaut. Du hast gesehen, wie sie Dein Leben (mit-)bestimmt haben, wo Du ihnen gefolgt bist, wo Du ihnen widerstanden hast. Und auch, was dann jeweils daraus wurde. Jetzt geht es ums Ganze – um Deine Zukunft. Den Rest Deines Lebens. Dieses ist jetzt wirklich der Dreh- und-Angelpunkt Deiner Reise. Ob Du ihn an der See, auf einem Berg oder in einem Park findest, spielt keine Rolle.

Du brauchst drei Dinge: Den Ort, an dem Dir keiner in die Quere kommt, etwas Zeit und was zum Schreiben. Nimm Dir also ein Notizbuch und einen Stift mit.[54] Das „V" ist dran - Du schreibst dort an Deiner Vision vom Leben. Die soll „halten" und dafür muss sie gut verankert sein, und sowas formuliert sich nicht nebenher. Deshalb wäre es wirklich am besten, Du klappst das Buch hier zu und arrangierst erstmal alles für Deine Auszeit, damit es was wird mit der Vision. Wäre doch schade um den langen Anlauf, den Du genommen hast.

Also, bis später!

---

[54] Und natürlich dieses Buch hier. Ist klar...

In Deinem eigenen Interesse hoffe ich für Dich, dass Du Dich an meinen Rat gehalten hast. Wenn das der Fall ist, sind wir beide jetzt allein miteinander. Das ist gut. Zeit für ein kleines Gespräch unter vier Augen…

Weißt Du, es gibt heute hunderte – nein, tausende - Coaching-Anleitungen: Sachbücher, Kalender, Internetseiten, Kurse und Fernkurse und was weiß ich noch alles in der Art. Alle haben sie in irgendeiner Weise mit Veränderung zu tun. Ist ja auch logisch – wer sich nicht verändern will oder muss, wozu bräuchte der ein Coaching? Viele dieser Ratgeber beschäftigen sich tatsächlich mit ähnlichen Themen wie dieses Buch hier: Ich will mich weiterentwickeln, ich will oder muss hier raus, ich will was anderes machen oder auch irgendwie wer anderes sein. Oder wenn nicht, dann will ich wenigstens geklärt haben und sicher sein können, dass ich eben doch bleiben will wie ich war. Und dann kommt überall irgendwann der Punkt, an dem sie Dir erzählen, dass Du Deine Ziele „visualisieren" sollst, sie Dir also in allen Einzelheiten und in kräftigen Farben ausmalen sollst. Das ist auch okay – unser Gehirn geht mit visuellen Informationen anders um als mit abstrakten Vorsätzen, und das hilft der eigenen Motivation, etwas zu unternehmen. Alles gut. Soweit.

Aber: Die meisten Ratgeber beschäftigen sich nicht wirklich mit der Frage, was denn diese Ziele eigentlich sind, welchem Zweck sie dienen – das überlassen die Autoren ganz galant Dir. Und dann visualisieren Leute munter einen Ferrari oder eine Villa im Tessin, inklusive Butler und Chauffeur. Prima. Aber was **bedeuten** diese Ziele nun? Passen sie überhaupt? Wofür steht (zum Beispiel) ein Ferrari: Für die Suche nach Freiheit, für den Hang zum Risiko, für das Bedürfnis nach Status? Ich will mit Dir tiefer schürfen, damit Deine Ziele einen Sinn ergeben und zu Deinem zukünftigen Leben passen.

Dieses Buch geht methodisch vor – schön der Reihe nach und entlang dem „MOVES"-Prinzip, Du erinnerst Dich. Mittendrin steht das „V" – und das steht eben für die Vision und nicht für die Ziele. Die kommen danach. Die Vision ist auch tatsächlich der Mittelpunkt – nicht nur im Wort „MOVES" sondern auch inhaltlich. Nach Jahren in Beratung und Coaching und einem Psychologiestudium bin ich überzeugt: Diese Vision ist auch <u>nicht</u> völlig frei wählbar für Dich. Was für Dich richtig ist, das ist tief verankert in Deiner ganz eigenen Art, die Welt zu sehen und es steckt damit auch in Deinen Grundmotiven. Mit denen haben wir deshalb auch angefangen. Dein bisheriges Leben kannst Du verstehen als die Leinwand, auf der Du mit dem Pinsel Deiner Motive ein halbfertiges Bild gemalt hast – ja, bei dem gelegentlich vielleicht auch andere Dir die Hand geführt haben. Trotzdem: Dein persönlicher Stil, die „Farbstimmung" sozusagen, ist und bleibt erkennbar. Was auch immer Du bisher gemacht hast – lass uns das mal nicht kaputtreden. Da steckt viel von Dir drin, und das ist in Ordnung so.

Und auf dieser Basis findest Du (nicht <u>er</u>findest – das ist mir wichtig) nun Deine Vision. Für die spielt Deine Vergangenheit deshalb ebenso eine Rolle wie Deine Zukunft. Und deshalb will ich Dich jetzt mit beiden in Kontakt bringen, und zwar ganz direkt. Zeit, Dir einen bequemen Sitzplatz zu suchen, denn jetzt starten wir.

Sitzt du gut? Prima. Ich gehe davon aus, dass Du an einem Ort bist, an dem Dich für ein Weilchen voraussichtlich keiner stören wird. Notizbuch und Stift hast Du bei Dir.

Vorneweg noch ein Hinweis:[55] Was nun kommt, ist eventuell nicht ganz ohne. Dieses Buch trägt seinen Titel nicht umsonst. Es kann sein, dass die folgende Einheit Deine Gefühlswelt in Bewegung bringt. Möglicherweise in recht heftige Bewegung, und vielleicht gibt es dabei auch ein paar blaue Flecken. Das ist okay - sollte es aber mehr sein, als Du jetzt aushalten kannst oder willst – dann hör auf damit. Wahrscheinlich hast Du dann die eine oder andere Baustelle, die zuerst bearbeitet werden muss, am besten in einem persönlichen Coaching, einer Supervision oder auch einer Therapie.

Soweit also der Beipackzettel, und nun geht's aber wirklich los. Wenn Du gerade auf einem Stuhl sitzt und Dir noch zwei leere Stühle zur Verfügung stehen, kannst Du die beiden vor Dich hinstellen, einen schräg links und einen schräg rechts, mit den Sitzflächen zu Dir. Wenn nicht, stellst Du Dir vor, diese beiden Stühle stünden dort. Und nun nehmen darauf zwei Personen Platz, die Du gut kennst. Links von Dir kletterst nämlich Du selbst auf den Stuhl – und zwar als Kind. Du bist irgendwo zwischen sieben und elf Jahre alt und trägst die Kleidung, die Du damals trugst. Schau Dein „Kind-Ich" ruhig mal in aller Ruhe an – bestimmt kennst Du alte Fotos von Dir und hast so einigermaßen im Kopf, wie Du darauf aussiehst. Wie schaut es Dich wohl seinerseits an? Es steht für das, was Du mitbringst aus Deiner Kindheit. Für Deine

---

[55] aka „Beipackzettel"

Geschichte, Deine frühen Träume, auch für Deine Grundmotive, die Du als Kind entwickelt hast.

Rechts vor Dir nimmt ein alter Mensch Platz. Auch das bist Du, gegen Ende Deines Lebens. Und zwar eines erfüllten, gelungenen, eines guten Lebens. Das ist wichtig, denn Dein „Alters-Ich" steht für die gefundene und umgesetzte Vision. Welche Kleidung wirst Du wohl dann tragen? Mit welchem Blick schaut Dich Dein Alters-Ich an? Milde lächelnd? Es hat jeden Grund dazu, denn schließlich wirst Du ein tolles Leben hinter Dir haben.

Jetzt wende Dich aber erstmal Deinem Kind-Ich zu. Du wirst ihm jetzt ein paar Fragen stellen. Dabei geht es nicht um die konkreten damaligen Lebensumstände - es geht darum, wer Du damals warst, was Du wolltest, was Dir wichtig war. Frag Dein Kind-Ich mal: „Was hat Dich damals eigentlich angetrieben? Was war Dein „Treibstoff"? Was hat Dich glücklich gemacht? Was war Deine größte Hoffnung?" Nimm Dir genügend Zeit, Dir zuzuhören. Und schreib all das Gute mit, das Du Dir zu sagen hast. Tu das jetzt. Danach liest Du weiter in diesem Buch.

Wenn Dein Kind-Ich Dir ausführlich von sich erzählt hat, wendest Du Dich Deinem Alters-Ich zu: „Und Du? Kannst Du mir einen Tipp geben? Einen Satz darüber, wie Du am besten mit dem Leben umgegangen bist? Was wird meine gute Lebens-Linie gewesen sein?" Schreib es Dir ebenfalls auf. Wahrscheinlich brauchst Du eine Weile, um mit Deinen beiden Ichs ins Gespräch zu kommen, das ist okay. Nur dafür bist Du hier und hast alle Zeit, die Du brauchst.

Schau Dir nochmal die beiden Personen an, die da vor Dir sitzen. Was haben sie gemeinsam? Was sagt denn das Alters-Ich wohl zu dem Kind-Ich? Und umgekehrt? Verstehen sich die beiden wohl gut? Vielleicht kommen sie ja in ein Gespräch miteinander. Oder Ihr alle drei. Und Du schreibst Dir davon auf, was Dir wichtig erscheint. Wenn dieses Gespräch zu Ende ist, kannst Du die beiden wieder verabschieden.

Was Du aufgeschrieben hast, enthält schon Deine Vision. Dein Alters-Ich hat Dir verraten, was zu einem guten und gelungenen Leben gehört. „Gehört haben wird", genaugenommen. Und Dein Kind-Ich hat Dir erzählt, was Dich angetrieben hat, wo Deine Hoffnungen lagen. Ich bin mir ziemlich sicher, dass es da Einiges an Übereinstimmungen gibt – vielleicht auch Ergänzungen des Einen zu dem, was dem jeweils anderen fehlt. Zusammen ist das ein guter roter Faden, den Du jetzt nur noch aufnehmen musst, damit beide, das Kind und der alte Mensch, zufrieden damit sein können. Dann kannst Du es nämlich auch.

Jetzt wäre ein guter Zeitpunkt, das Buch für eine Weile wegzulegen. Vielleicht war die Begegnung mit Dir auch etwas anstrengend, und Du solltest wieder ein bisschen Abstand gewinnen, um aus dem, was Du dabei aufgeschrieben hast, den roten Faden zu spinnen, mit dem Du dann eine gute Vision stricken kannst, sozusagen. Lass es erstmal sacken. Du hast es Dir verdient. Echt!

Und wie wird jetzt eine Vision draus?

Ich weiß nicht, was Du gehört und aufgeschrieben hast. Aber ich vermute, Du hast das Eine oder Andere über Dich erfahren, und das wollen wir jetzt „einkochen", bis am Ende eine gute Vision draus wird.

Beide, Dein Kind und Dein alter Mensch haben Dir Wichtiges zu sagen: Wie Du immer schon warst, hast Du von Deinem Kind erfahren. Da steckt viel von Deinen grundlegenden Motiven drin, von dem, was Dich als Person ausmacht. Und das hat sich schon früh eingepasst in Deine damalige Umwelt – Du hast Dinge versucht und warst damit erfolgreich, mit anderen bist Du gescheitert. Das hat Dich geformt, es ist so etwas wie der Treibstoff für Dich – das, was Dich aktiv werden lässt, was Dich vorantreibt. Oder wie das Gepäck, das Abraham damals mit auf die Reise nahm. Wir nutzen diese beiden Bilder jetzt einfach mal: Schreib Dir in zwei Sätzen (mehr nicht) auf, worum es sich dabei handelt, und zwar so:

„Was mich seit meiner Kinderzeit antreibt, ist vor allem..."

„Was auch immer ich anfange, ich nehme dabei mit: ..."

Und nun kommt Dein Alters-Ich dazu – der Rückblick auf Deine gelebte, gelungene Vision. Fass sie in den folgenden, von Dir zu Ende geführten Satz:

"Bei zukünftigen Veränderungen wird mir im Rückblick vor Augen stehen: ..."

Zusammen ist das im Prinzip schon Deine Vision. Du musst sie jetzt nur noch weiter verdichten, möglichst zu einem einzigen Satz. Das ist deshalb wichtig, weil Dich ein einzelner Satz viel besser begleiten kann als eine Sammlung von Sätzen. Und das soll er tun, damit er wirksam werden kann.[56]

Mach also einen einzigen Satz draus, und zwar so:

1. Schreib sie in der **Gegenwart**. So, als ob sie bereits jetzt vollständig umgesetzt wäre.
2. Schreib sie **positiv**. Kein „nicht mehr...". Eine gute Vision ist kein „von etwas weg" sondern ein „zu etwas hin"!
3. Schreib sie tatsächlich als Vision und nicht als Ziel. Das kommt später. Ziele sind objektiv überprüfbar, Visionen sind Kompasskurse. Sie entfalten – auch wenn das merkwürdig klingt – ihre Kraft gerade in ihrer **Allgemeinheit**.
4. Pack die Inhalte der **drei Sätze von oben** mit hinein.
5. Beginne am besten mit „**Ich**...".
6. Mach's **so kurz wie möglich**.
7. Wichtig: Es muss sich **für Dich hundertprozentig richtig** anfühlen. Lass deshalb alle Gedanken daran, was andere vielleicht davon halten könnten, weg. Es ist Deine Vision.

---

[56] Außerdem bin ich allgemein ein Verfechter der Methode „kurz und knackig".

Auch für diesen Schritt darfst Du Dir so viel Zeit nehmen, wie er eben braucht. Und Deine Auszeit ist genau dann zu Ende, wenn Du ihn gemacht hast.

Diese Version schreibst Du auf einen Zettel, den Du Dir ins Portemonnaie packst. Und diesen Zettel trägst Du jetzt erstmal die nächsten zwei bis vier Tage lang mit Dir herum – für den Fall, dass Dir die genaue Formulierung wieder entfallen sollte. Ich glaube das aber nicht, denn schließlich hast Du sie Dir hart erarbeitet. Vermutlich geht sie Dir deshalb eh' ständig im Kopf herum.

Die Vision ist jetzt noch etwas „frisch" und kann deshalb durchaus noch ein bisschen „nachreifen". In drei oder vier Tagen schaust Du sie Dir noch einmal in Ruhe an und entscheidest, ob sie sich noch genauso richtig anfühlt wie zu Beginn. Wenn nicht – drehst Du einfach noch eine zweite Runde in der Visions-Schreinerei. Die Materialien dafür hast Du ja schon.

Von der Vision zu den Zielen

Kommen wir zum „E" in „MOVES". Da steht nicht nur deshalb kein „Z", weil es sich bescheuert anhören würde, sondern vor allem um klar zu machen, dass die konkreten Ziele, die jemand verfolgt, nicht irgendwo im luftleeren Raum hängen. Sie sind im Grunde nichts weiter als Entfaltungen, also Umsetzungen Deiner Vision, und zwar in einzelnen Schritten. Du hattest sicher auch früher schon Ziele. Weil die immer so schön konkret sind, fällt es ja auch leicht, welche für sich zu finden. Nur führen die nicht unbedingt wirklich wo hin.[57] Aber jetzt hast Du ein solides Fundament, auf dem Du sie – vielleicht ganz neu – formulieren kannst. Ob es neue Ziele sind, ob die alten Ziele ein Feintuning nötig haben oder ob sie genauso richtig sind und passen, wie sie immer schon waren, darum geht es jetzt im nächsten Schritt.

Falls Du inzwischen das Gefühl bekommen hast, nun eigentlich ganz neue Ziele zu brauchen – das ist nun echt das kleinste Problem! Wenn Du jetzt weißt, wer Du wirklich sein willst beziehungsweise wohin die Reise gehen soll, dann ist es nicht schwer, gute Ziele dafür zu formulieren. Aber wie gesagt – wahrscheinlich hast Du eh' auch noch in paar alte im Gepäck. Es lohnt sich also, die auf der Grundlage einer soliden Vision noch einmal zu überdenken, neu zu formulieren und notfalls über den Haufen zu werfen. Das machen wir jetzt.

Wenn Du eine gute und passende Vision formuliert hast, bist Du schon ein großes Stück weiter gekommen. Jetzt

---

[57] Sonst wärst Du jetzt nicht hier.

hast Du einen „Kompass", an dem Du Deine Ziele und damit auch Dein Handeln ausrichten kannst.

Nochmal: Die Vision zuerst – dann die Ziele! Kleiner Exkurs dazu: Diese Reihenfolge wurde übrigens auch in einem ganz anderen Zusammenhang schon einmal beschrieben – nämlich als Grundlage der Kriegsführung. Der preußische Generalmajor Carl Philipp Gottlieb von Clausewitz (1780 – 1831) hat als Erster die sogenannte „Zweck-Ziel-Mittel-Achse" definiert, getreu dem Motto: „Erst mal muss ich wissen, was ich wirklich will. Dann entscheide ich, was ich dafür brauche." Zuerst also kommt nach Clausewitz der eigentlich **Zweck** einer militärischen Unternehmung: Was will ich erreichen? Wo will ich damit hin? Beispielsweise kann es darum gehen, ein Land zu besetzen oder auch es umgekehrt davon abzuhalten, seinerseits das eigene Land zu besetzen. Vielleicht will ich auch eine gegnerische Regierung stürzen oder ein verfeindetes Land wirtschaftlich schwächen – was auch immer. Diesen Zweck bestimmt nach Clausewitz nicht das Militär sondern die Politik. Der Zweck ist sozusagen das „dahinter-Liegende" und damit eine andere Kategorie. Ihm müssen sich die konkreten **Ziele** unterordnen: Das wesentliche Ziel einer militärischen Unternehmung kann – je nach dahinter liegendem Zweck - sein, den Gegner vollständig zu schlagen oder ihn zu schwächen oder zu bestimmten Kompromissen zu zwingen. Je nachdem. Wichtig: Erst danach kommt die Überlegung: Was ist dafür zu tun und was (oder wen) brauche ich dafür? Die **Mittel** also. Clausewitz hat diese strategischen Grundsätze in einem seinerzeit berühmten Buch mit dem Titel „Vom Kriege" beschrieben. Sie werden übrigens auch heute noch an Militärakademien gelehrt.

Was für Clausewitz der „Zweck" des Krieges, ist für Dich Deine Vision: Das, worum es letztlich wirklich geht. Die Ziele sind eben nicht die Vision sondern nur Schritte auf dem Weg zu ihrer Verwirklichung. Wir sollten sie uns also mal mit der Frage anschauen, ob sie Dich in die richtige Richtung führen. Vor allem das erste Ziel, das Du ansteuern willst.

Ich nutze hier noch mal ein anderes und wie ich finde sehr anschauliches Bild: Stell Dir vor, der Weg zu Deiner Vision ist so wie die Überquerung eines reißenden Flusses, in dem dicke Felsen und Steine liegen. Du willst auf die andere Seite. Wenn Du nicht nass werden willst, bleibt Dir nichts anderes übrig, als von Stein zu Stein zu springen, um ans andere Ufer zu kommen. Wo genau die Steine aber liegen und ob sie Dir auf Deinem Weg genügend Halt geben werden, das kannst Du von Deinem Ufer aus noch gar nicht beurteilen, weil gar nicht alle von hier aus zu sehen sind. Was machst Du also?

Genau! Du suchst Dir...

einen (wirklich erstmal <u>einen</u>)

1. **<u>vielversprechenden</u>** (sicheren) Stein

2. der in der **<u>richtigen Richtung</u>** liegt und den Du

3. möglichst mit **<u>einem Sprung</u>**

erreichen kannst!

Von dort aus hältst Du nach weiteren Steinen, die in der richtigen Richtung liegen, Ausschau.[58] Vielleicht kannst Du die auch schon vom Ufer aus erahnen, aber so richtig siehst Du sie erst, wenn Du Dich auf den Weg gemacht hast. Damit sind die Fragen klar, mit denen Du ein gutes <u>erstes Ziel</u> findest:

1. **Dient das Ziel meiner Vision? (Liegt es in der richtigen Richtung?)**
2. **Liefert es mir einen sicheren Stand für den nächsten „Sprung"?**
3. **Kann ich es in überschaubarer Zeit und mit meinen verfügbaren Kräften oder Mitteln erreichen?**

Diese Fragen beantwortest Du Dir jetzt. Nimm Dir so viel Zeit dafür, wie Du brauchst - Dein erstes Ziel sollte eine richtig gute Antwort auf alle drei Fragen sein. Auch wenn Du mir das vielleicht (noch) nicht glauben wirst, ist die dritte Frage für die meisten Menschen tatsächlich die wichtigste. Warum das so ist, erfährst Du im nächsten Kapitel.[59]

Um Dir die Arbeit am ersten Ziel etwas zu erleichtern, habe ich das Ganze mal in die Form einer Tabelle zum Ausfüllen gebracht:

---

[58] Dass die Steine für die einzelnen Ziele stehen, muss ich nicht extra betonen, oder? Ich mach's trotzdem…
[59] Aber zuerst führst Du mal diesen Auftrag aus!

Meine **VISION**:	
Um meine Vision zu verwirklichen, werde ich dieses **erste Ziel** erreichen:	
Wenn ich es erreicht habe, dann bedeutet das für die Verwirklichung meiner Vision:	
Und daran werde ich erkennen, dass ich es erreicht habe:	
Danach habe ich folgende weitere oder neue Möglichkeiten / Ressourcen zur Verfügung:	
Um es zu erreichen, brauche ich:	
Ich erreiche es bis:	

Achtung, Fertig… anfangen!

So - jetzt hast Du Deine Vision. Und ein erstes Ziel. Und jetzt willst Du wissen, warum die Erreichbarkeit des ersten Ziels in absehbarer Zeit am wichtigsten überhaupt sein soll? Warum soll das noch wichtiger sein als die Frage, ob dieses Ziel meiner Vision wirklich dient?

Die Antwort: Weil das Leben eine höchst komplizierte Angelegenheit ist. Zum einen sind eben nicht alle Trittsteine vom Ufer aus sichtbar – um das Bild von der Flussüberquerung nochmal aufzuwärmen. Das perfekte Ziel auf dem Weg zur anderen Seite hast Du womöglich jetzt noch nicht einmal vor Augen. Und von hier aus kannst Du dann auch noch gar nicht zum Sprung darauf ansetzen.

Zum anderen kannst Du auch nicht alles, was Dich betrifft, selbst beeinflussen. Manches wird von anderen Menschen (mit)bestimmt, und gelegentlich schlägt auch das Schicksal unerwartet und total unkalkulierbar zu. Und das meiste von dem, was in Deinem Leben passiert, hat irgendwie Auswirkungen auf andere Vorgänge, entweder direkt oder „über drei Ecken". Und all das lässt sich nicht sicher vorhersagen und deshalb auch nicht so planen wie ein technisches Projekt. Ein schönes Bild dafür ist ein Mobilé, so ein Ding das man Babys übers Bettchen hängt: Ein paar Objekte hängen an dünnen Stäben, die ihrerseits mit Fäden verbunden sind. Wenn Du irgendeines davon anstößt, gerät das ganze Teil in Bewegung und die anderen schwingen mit, alles dreht und bewegt sich und erfreut (hoffentlich) das Baby. Die Bewegungen so eines Mobilés lassen sich übrigens nicht mathematisch unbegrenzt vorausberechnen, weil sich viele Teile gleichzeitig gegenseitig beeinflussen und winzig kleine Unwägbarkeiten am Anfang sich später extrem auf die Bewegungen auswirken können. Und wenn das mit einem derart simplen Ding nicht mal möglich ist, dann müssen Vorhersagen über ein so unendlich komplexes Mobilé wie das Leben selbst zwangsläufig scheitern. Die gute Nachricht: Das macht nichts - trotzdem kannst und sollst Du planen – Du muss es halt etwas anders angehen. Zu Beginn einer Veränderung geht es deshalb in erster Linie darum, einen <u>guten</u> ersten Schritt zu machen. Nicht unbedingt einen <u>perfekten</u> und erst recht <u>nicht alle auf einmal</u>. Und genauso wichtig wie die Planung des ersten Schritts ist die Tatsache, <u>dass</u> Du ihn machst.

Also: Du hast jetzt eine Vision, und Du hast auch ein gutes erstes Ziel. Deshalb ist jetzt der Punkt gekommen, an dem Dich darauf vorbereitest, Dein Leben wirklich in der Praxis zu verändern. Dazu habe ich nun endlich wieder einen konkreten Auftrag für Dich. Abraham hat sich nachts vor sein Zelt gestellt und sich den Himmel voller unendlich vieler Sterne angesehen. Und dann wahrscheinlich zu sich gesagt: „Jawohl – genauso wird's werden. So viele Menschen werden zu meinem Volk gehören! Irgendwann. Irgendwie. Aber zuerst muss ich dafür losmarschieren, und das mache ich auch. Und zwar morgen um Nullneunhundert." Und dann ist er vermutlich packen gegangen.

Abraham hatte das Symbol, das **Bild** seines Fernziels ganz buchstäblich vor Augen, und es konnte ihn jede Nacht an seine Vision erinnern. Ich war noch nicht im Irak, aber ich denke, dass man da fast jede Nacht die Sterne sehen kann. Das ist bei Dir nicht ganz so einfach, und deshalb brauchst Du ein anderes **Bild**, das Dich begleitet.

Stell Dir vor, wie Du selbst es geschafft hast. In zehn Jahren bist Du da, wo Du jetzt hinwillst. Wo immer das auch ist. Und Du bist genauso wie Du sein willst: „ganz bei Dir".[60] Das ist nicht so schwierig, schließlich bist Du inzwischen gut vorbereitet. Die Vision ist ja schon formuliert.

Das reicht mir aber noch nicht - da muss noch ordentlich Farbe drauf, damit es ein gutes Bild wird. Daher kommt nun Schritt Nummer zwo: Stell Dir vor, weil alles so perfekt gelaufen ist[61], ruft eine große Zeitschrift bei Dir an und bittet um ein ausführliches Interview über Deine Erfolgsgeschichte. Das gibst Du den Journalisten auch, und dann bringen sie Dich tatsächlich auf ihre nächste Titelseite. Frage: Was genau ist dann auf dieser Titelseite zu sehen? Wie stehst Du auf dem Foto da, was hast Du an, welchen Gesichtsausdruck hast Du? Und was oder wen sieht man im Hintergrund? Und, ganz wichtig: Welcher Untertitel steht drunter? Da ist nur Platz für ein paar Worte, also müssen sie sorgfältig gewählt sein. Welche sind das? Und jetzt komm' mir nicht mit Sachen wie: „Er hat's geschafft!" - so billig kommst Du hier nicht weg. Gib Dir also mal ein bisschen mehr Mühe.[62] Schreib es Dir auf.

Nochmal: Diese Übung dient dazu, Dir Deine persönliche Vision noch einmal vor Augen zu führen, sie für Dich bildhaft, greifbar zu machen. Wenn Du magst und ein Kreativer bist, kannst Du die Titelseite auch aufmalen. Und dieses Bild (ob auf Papier oder im Kopf) soll Dich ab

---

[60] So'n Öko-Spruch. Egal, passt hier.
[61] Beziehungsweise: In zehn Jahren so gelaufen sein wird…
[62] Eine schöne Variante wäre zwar auch: „Mit dem besten Coachingbuch aller Zeiten fing es an", aber auch das ist hier nicht gefragt.

jetzt auf Deinem Weg zum ersten Ziel – und weiter - begleiten.

So – und nun ab dafür! Nimm Dir ruhig Zeit, denn dieses Bild kann wichtig für Dich sein, als Dein persönlicher „Nordstern", der Dich auch durch schwierige Phasen führen wird. Du siehst, an dieser Stelle arbeite auch ich mit Visualisieren, weil so ein Bild tatsächlich eine ganz andere Kraft hat als bloße Worte.

Machen ist wie wollen.
Nur krasser *(oder: „Und jetzt los - oder nee halt, Moment…")*

Vielleicht zögerst Du jetzt trotzdem noch. Ich frage mich bloß, warum. Von außen ist es kaum zu begreifen, warum immer wieder Menschen

- wissen, dass sich etwas ändern soll
- das auch wirklich wollen
- sich gut überlegt haben, wohin diese Veränderung führen soll
- und es dann doch nicht tun.

Und das passiert oft ganz am Anfang, weil nämlich schon der erste Schritt nicht gemacht wird. Das ist halt auch oft der schwierigste. Und Du hast eine reichhaltige Auswahl an Möglichkeiten, diesen ersten Schritt nicht zu tun:

- Ich kann Gründe suchen und finden, die die Erfolgschancen einer Veränderung klein erscheinen lassen.
- Ich kann die Veränderung ganz grundsätzlich noch mal in Frage stellen, auch gerne immer wieder neu…
- Ich kann sie auf den Sanktnimmerleinstag verschieben. Ganz nach Geschmack.

Ich habe das schon x-mal erlebt, und manchen meiner Klienten sage ich dann: „Okay – dann ist der Druck wohl einfach noch nicht groß genug. Dann machen Sie halt nichts und warten einfach, bis er so groß wird, dass er Sie anschiebt." In manchen Fällen ist das auch tatsächlich so.

Oft aber ist der Veränderungsdruck tatsächlich groß, und genauso groß ist dann der Leidensdruck bei den Leuten.[63] **Trotzdem** scheitern manche schon vor dem ersten Schritt. Vielleicht gehörst Du auch zu diesen Menschen. Bisher. Aber von jetzt an wird sich das ändern. Ich zeige Dir, wie.

Schauen wir uns das Zögern mal näher an. Tatsächlich gibt es eine ganze Reihe von „guten Gründen", die dahinter stecken. Ich stelle Dir mal die „Top Five" vor – vielleicht kommt Dir ja was davon bekannt vor:

1. Angst vor dem **Risiko** der Veränderung (*„Das kann fürchterlich schiefgehen."*)
2. Angst vor der **Anstrengung** der Veränderung (*„Dafür ist ja sooo viel zu tun."*)
3. Der status quo hat viel übersehenes **Gutes** (*„Ist doch auch ganz okay, wie's ist...oder?"*)
4. Es gibt äußere **Widerstände** (*„Außer mir will das keiner. Im Gegenteil! Und den Gegenwind will ich nicht spüren!"*)
5. Dein **Welt- und Selbstbild** wird gefährdet (*„Heißt das, dass ich dann bisher alles falsch gemacht habe?"*)

Diese Gründe sind tatsächlich gewichtig, und deshalb sollten sie auch beachtet werden. Erkennst Du Dich selbst in einem (oder mehreren) davon wieder? Dann habe ich ein paar Anmerkungen für Dich, die Dir weiterhelfen können.

---

[63] Und dann warte ich als Coach natürlich auf den Widerspruch, auf den Ärger, den ich damit auslöse. Mit dieser Energie lässt sich wunderbar weiter arbeiten!

Angst vor dem Risiko

Wenn sich etwas ändern soll, ich das aber nicht hundertprozentig planen kann, dann erzeugt das mindestens Unsicherheit, das ist nicht nur ganz normal, sondern im Prinzip auch ganz gut so: Diese Unsicherheit hält Dich wach und lässt Dich aufmerksam hinschauen. Das ist so wie das Lampenfieber bei Schauspielern – ein ganz wunderbares Gegenmittel gegen Routine und Unaufmerksamkeit. Wenn aber Unsicherheit zu richtiger Angst wird, dann ist das überhaupt nicht gut. Du starrst auf das Problem wie das berühmte Kaninchen auf die Schlange.[64] Der Blick ist nicht mehr frei, alle nötige Kreativität ist futsch und die Motivation sowieso. Das Problem hält Dein Denken gefangen und jede Bewegung fällt schwer. Und wir wollen Dich ja in Bewegung bringen, also das genaue Gegenteil bewirken. Zwei Strategien können Dir dabei helfen, damit aus Unsicherheit keine Angst wird.

Strategie Nummer eins: Nimm Deine Vision sichtbar mit auf die Reise! Abraham hatte es leicht damit, denn der Sternenhimmel war überall, wo er hinging. Er hatte sie also auf seiner ganzen Reise vor Augen, seine Vision. Das musst Du für Dich leider anders lösen. Vorschlag: Es ist ganz hilfreich, Dir einen Satz oder ein Bild (zum Beispiel den „Titel" der Zeitschrift) regelmäßig in Erinnerung zu rufen. Du könntest ihn Dir irgendwo an die Wand hängen, beispielsweise. Er hilft Dir dabei, Dich

---

[64] Starren Kaninchen wirklich auf Schlangen? Ich hab' keine Ahnung... Coaches nennen sowas jedenfalls „Problemtrance".

nicht zu verlaufen und erstmal auch dabei, Dich überhaupt zu bewegen. Schritt für Schritt [65].

Strategie Nummer zwo: Sie zielt darauf ab, die Unsicherheit in gesunden Grenzen zu halten. Das machst Du, indem Du „Geländer" aufstellst, die Deinen Weg etwas eingrenzen, und an denen Du Dich ein wenig festhalten kannst. Und das machst Du gleich von Anfang an. Diese Geländer sind drei Fragen, die Du Dir vor dem ersten Schritt stellen und auch gleich beantworten kannst:

- Was wäre das Schlimmste, das passieren kann bei meinem ersten Schritt?
- Was kann ich jetzt schon bedenken / tun, damit das nicht passiert?
- Was werde ich tun, falls es trotzdem passiert?

Bei allen weiteren Schritten hilft Dir der Fragebogen im nächsten Kapitel über das „TOTE-Prinzip". Damit läuft zwar nicht automatisch alles glatt, aber dieses Geländer sorgt von Anfang an dafür, dass Dein natürliches und sinnvolles Gefühl von Unsicherheit nicht ausufert. Du hakst Dich sozusagen in eine Sicherheitsleine ein, bevor Du springst, um den ersten Stein zu erreichen. Das (teilweise) Unplanbare wird ein wenig planbarer.

Angst, dass die Veränderung (zu) anstrengend wird

„Da muss sich so viel ändern! Wie soll ich das bloß hinkriegen?" Je nachdem, was Du vorhast, stimmt das ja auch: Da ist vielleicht ein wirklich großer Berg zu

---

[65] Ich habe zum Beispiel lange Zeit einen für mich wichtigen Satz als Bildschirmschoner laufen lassen. Es geht nix über so eine „Dauerpräsenz" einer wichtigen Botschaft, finde ich.

besteigen – oder eine endlos erscheinende Ebene zu durchqueren.[66] Jedenfalls lässt sich zu Beginn noch nicht einmal überschauen, was da alles auf Dich zukommt. Reicht Deine Kraft dafür aus?

Ich sag's nochmal: Im Moment kommt es nur auf Eines an, nämlich dass Deine Kraft für den ersten Schritt ausreicht. Ohne den kannst Du den zweiten und dritten und alle weiteren eh' nicht machen. Und die müssen – ja, können! - auch nicht alle auf einmal gemacht werden. Und diesen ersten Schritt kannst Du Dir erleichtern: Denn Du wirst ihn feiern! Und Du wirst auch was zu feiern haben – schon allein die Tatsache, dass Du ihn gegangen bist. Aber da geht noch mehr: Wenn dieser erste Schritt Dich viel Kraft kostet, dann solltest Du ihn so gestalten, dass er Dir auch direkt etwas zurückgibt. Baue deshalb in das erste Ziel einen sichtbaren Erfolg ein, etwas das Du ganz praktisch spüren kannst. Etwas, das Du Dir an die Wand hängen kannst.[67] Oder etwas, das sich spürbar auf Dein Alltagsleben auswirkt. Selbst wenn es vor allem symbolisch sein sollte: Wichtig ist, <u>dass</u> Du es getan hast und dass Du sehen kannst, <u>was</u> Du getan hast. Das kann unglaublich viel Energie liefern. Für die nächsten Schritte. Die zu einer langen Reise werden. Die anstrengend aber auch schön wird. Denn es gibt immer wieder was zu feiern.

Also: Wie kannst Du Deinen ersten Schritt so gestalten, dass dessen Auswirkungen nicht irgendwann sondern schon sehr bald schon zu sehen sind?

---

[66] Oder sonst was... Du weißt, was ich meine.
[67] Am besten direkt neben das Zeitschriften-Cover!

Das Gute am „status quo"[68]

Wer sich nicht aufraffen kann, findet gern plötzlich ganz viel Positives an dem, wie es jetzt ist. Das ist vermutlich nicht mal gelogen. Es gibt ja tatsächlich gute Gründe, die gegen manche Veränderungen sprechen - lass sie ruhig zu Wort kommen. Schließlich kann man durch Veränderungen nicht nur gewinnen sondern es gibt auch Manches zu verlieren. Und vielleicht kommst Du dann zu dem Schluss, es tatsächlich lieber zu lassen, weil Dir die „Kosten" unterm Strich doch zu hoch sind. Das ist okay – denn dann hättest Du diesen Entschluss wenigstens bewusst gefasst und es gäbe dann auch keinen wirklichen Grund mehr, unzufrieden zu sein.[69] Dann hast Du eine andere Baustelle und kannst darüber nachdenken, wie Du die derzeitige Situation „noch besser" machen kannst oder wie Du manches verbessern kannst ohne gleich vieles oder alles zu verändern.

Wenn aber absehbar ist, dass die dauernde Unzufriedenheit oder sogar das Leiden an der Gegenwart nur durch eine wirkliche Veränderung beseitigt werden kann, dann ist es Zeit, dieser Gegenwart eine tolle Zukunft entgegenzusetzen. Auch hierbei hilft Dir die Vision. Sie stellt Dir vor Augen, wohin Du willst. Wenn Du wirklich etwas ändern willst, ist das hilfreicher als auf das zu schauen, wovon weg Du willst. Und jetzt bekommst Du von mir noch eine Frage mit auf den Weg, die Dir dabei helfen kann:

„Nimm an, es bleibt alles beim Alten. Wenn Du dann in zehn Jahren zurückschaust auf diese Zeit und Dich fragst,

---

[68] ...am derzeitigen Zustand. Nicht an der Rockband.
[69] Und zwar, weil Du entschieden hast, was sich (nicht) verändert. Weil Du Deiner Verantwortung nachgekommen bist.

ob Du nicht doch hättest aufbrechen sollen: Wann wäre (in der Rückschau) der perfekte Zeitpunkt dafür gewesen? Und was wird geschehen sein, bei dem Du hättest erkennen müssen, dass Veränderung <u>jetzt</u> dran gewesen wäre? Und jetzt bitte wieder zurückspulen ins Heute und fragen: War dieser Zeitpunkt bereits? Kommt er noch? Willst Du abwarten bis er kommt oder willst Du ihn vielleicht sogar herbeiführen? Merkst Du was? Es liegt an Dir – <u>Du</u> hast es in der Hand. Du bist schon groß, es ist Deine Entscheidung!"

Äußere Widerstände

„Alle wollen, dass ich weitermache wie bisher. Weil ihnen das nützt. Aber doch nicht mir!" Ungefähr so könnte sich das anhören. Oder auch so: „Da habe ich mit Problemen zu rechnen – denn was ich vorhabe, wird einigen überhaupt nicht in den Kram passen." Das kann schon entmutigen.[70] Da kann schon eine hochgezogene Augenbraue reichen oder eine kritische Anmerkung zum Vorhaben, und die ganze Energie ist dahin. Verpufft.

Dir stehen dann grundsätzlich zwei Wege offen. Erstens: Du lässt es bleiben. Ist ja auch viel bequemer so. Dann kannst Du das Buch hier zuklappen und einen schönen Tag noch. Zweitens: Du machst Dich stark. Dabei hilft Dir wieder Deine Vision[71] - und andere Leute. Damit meine ich <u>andere</u> „andere Leute", nämlich solche, die Dich bei Deiner Veränderung unterstützen. Das kann ein Coach sein oder auch gute Freunde. Und solltest Du nur welche

---

[70] Ganz besonders, falls Du vor allem anschlussorientiert bist. Denn dann fällt es Dir noch schwerer, über den Schatten anderer Leute zu springen als über Deinen eigenen.
[71] Ich reite hier nicht zufällig ständig darauf herum – das Bild von dem, wohin Du willst ist tatsächlich enorm kraftvoll und kann Dich weit tragen! Du musst es ihm allerdings erlauben.

haben, die Dich in der alten Situation halten wollen, unter der Du aber leidest, dann wäre ein Aufbau eines neuen Freundeskreises ein super erster Schritt. Nur mal so als Tipp...

Also: Wo findest Du Unterstützer?

Welt- und Selbstbild Ich spiel mal „über Bande" und fange an einer etwas anderen Stelle an: Im Abschnitt über Optimismus werde ich Dir erklären, dass die eigenen Erinnerungen überhaupt keine objektiven „Aufzeichnungen" Deines Gedächtnisses sind, sondern dass sie intensiv durch Dein Denken beeinflusst werden. Tatsächlich sind die meisten unserer Erinnerungen an unser eigenes früheres Handeln (man nennt das auch das „biografische Gedächtnis") so eingefärbt, dass sie unser Bild von der Welt und vor allem das von uns selbst als ein in sich stimmiges „Gesamtgemälde" unterstützen. Dinge, die nicht dort hinein passen, werden gern mal vergessen, falsch erinnert oder nachträglich passend uminterpretiert. Meist in der Weise, dass wir an schiefgelaufenen Dingen nicht selbst schuld sind sondern irgendwer sonst oder eben die blöden Umstände. So dass wir immer nur das Allerbeste im Sinn hatten und uns auch nie fundamental geirrt haben. Es gibt Psychologen die meinen, das ist auch gut so und sogar dringend nötig, damit wir seelisch gesund bleiben. Ihre Erklärung: Wer sich so sieht wie er tatsächlich ist, der muss einfach depressiv werden. Das glaube ich persönlich nicht unbedingt[72]. Trotzdem ist ganz offensichtlich: Unser Hirn ist darauf aus, ein in sich stimmiges („kohärentes") Bild der Welt und von uns als Dreh- und Angelpunkt darin aufrecht zu erhalten. Wenn ich mich ganz grundlegend verändern will, bedeutet das

---

[72] Also jedenfalls nicht für mich. Aber ich selbst habe ja eh' immer alles richtig gemacht...

unter Umständen eine Aufgabe dieses Bilds. Das ist – ich hatte das irgendwo vorn schon mal geschrieben – keine Kleinigkeit und gehört schon langsam in den Bereich der Therapie.

Aber auch wenn es meist nicht ganz so weit geht, dass Du Dein Bild von Dir komplett umbaust: Jeder Veränderungsplan beinhaltet die Möglichkeit, dass ich in der Vergangenheit Dinge falsch entschieden habe, dass ich vielleicht sogar falsch gearbeitet oder gelebt habe, mich mit den falschen Leuten umgeben habe und so weiter. Gerade wer vorwiegend leistungs-/strukturorientiert ist, wird damit ein Problem haben – schließlich sind Fehler das Allerschlimmste auf der ganzen weiten Welt...[73]

Deshalb: Sieh es lieber als einen ständigen Verbesserungsprozess. Nichts ist so perfekt, dass es nicht noch besser werden kann. Vieles hast Du bestimmt auch richtig gemacht. Nun ist es Zeit, es zu vervollkommnen. Und solltest Du das eine oder andere so richtig vor die Wand gefahren haben: Wie gut, dass Du einen Rückwärtsgang hast!

*Dazu eine Übung: Schreib Dir auf, was – bei aller Veränderung – bleiben wird. Welche guten **Dinge**, guten **Eigenschaften**, welche **Beziehungen** und welche **Werte** werden Dir auf jeden Fall erhalten bleiben? Du wirst sehen – da gibt es eine ganze Menge, was gut und erhaltenswert ist! Auch Abraham musste packen, bevor er loszog. Das gehört in Dein Gepäck!*

---

[73] Wenn Du einer von denen bist – über das Thema Fehler schreibe weiter unten noch Erhellendes. Kannst Dich schon mal drauf freuen...

Dranbleiben! Das „TOTE-Prinzip"

Schon wieder ein Prinzip? Keine Sorge, wenn Du das Abraham-Prinzip verstanden hast, dann schaffst Du das auch noch. Es geht dabei darum, wie man plant, wenn man nicht (komplett) planen kann. Und dass das nicht geht, hast Du ja weiter oben schon gelesen – das Leben ist einfach zu kompliziert dazu. Aber wie lässt sich dann trotzdem überhaupt etwas vernünftig planen?

Ingenieure, die ein technisches Gerät entwickeln, stehen gelegentlich vor dem gleichen Problem: Ein einfacher Radioapparat aus relativ wenigen Bauteilen zum Beispiel lässt sich problemlos „durchrechnen". Die physikalischen Zusammenhänge sind bekannt, und so kann man genau bestimmen, welche Bauteile man dazu braucht. Die lötet dann man zusammen – fertig! Wenn so eine Schaltung aber komplexer wird, dann steigt der Rechenaufwand schnell extrem an, weil alle Teile mit- und aufeinander reagieren, und irgendwann ist es einfach nicht mehr wirtschaftlich, das alles zu rechnen. Außerdem kommen gelegentlich Effekte hinzu, die eine Berechenbarkeit ab einer gewissen Komplexität grundsätzlich unmöglich machen – zum Beispiel durch winzige, nicht einmal messbare Abweichungen in einzelnen Komponenten, die sich aber in einem komplexen Apparat gegenseitig „aufschaukeln" können, bis das Ganze nicht mehr im Sinne des Erfinders funktioniert. Der „Mobilé-Effekt" – Du erinnerst Dich...

Schon früh haben Techniker in solchen Fällen das getan, was naheliegend war: Sie bauten Teile ein, von denen sie – aus Erfahrung zum Beispiel – wussten, dass sie grundsätzlich „so ungefähr" passen müssten. Und dann probierte man das Gerät halt aus: Tut es, was es soll? Ist ein sicherer und sinnvoller Betrieb in dieser Konfiguration möglich? Wenn ja – fertig! Wenn nein – Bauteil wieder rausnehmen und ein anderes einsetzen, eines mit leicht abweichenden Eigenschaften. So lange, bis das Ganze läuft.

„TOTE" ist natürlich eine Abkürzung und steht für „TEST-OPERATE-TEST-EXIT". Das bedeutet nichts anderes als: Ausprobieren, laufen lassen, und wenn's nicht zur Zufriedenheit läuft: Zurück und ändern. Und das Ganze so oft, bis es klappt wie gewünscht. Dann heißt es „exit" – also fertig. Übrigens macht man das nicht nur in der Entwicklung komplexer technischer Geräte oder Abläufe so – auch ganze Verbände von Nervenzellen in Deinem Gehirn funktionieren teilweise nach diesem Prinzip, zum Beispiel dort, wo es um das Erkennen und Interpretieren von Mustern geht, also unter anderem bei den Nervenzellen, die akustische und optische Signale verarbeiten. Und auch unser bewusstes Denken funktioniert teilweise nach dem Muster „Versuch und Irrtum". Das heißt aber nicht, dass da ein wildes Herumprobieren herrscht, ganz im Gegenteil: „TOTE" ist ein klar gesteuerter Prozess und läuft eben <u>nicht</u> zufällig ab. Und er funktioniert nicht nur in technischen Bereichen sondern auch bei persönlichen Veränderungen.[74]

Dazu ein einfaches Beispiel: Nehmen wir an, Du bereitest Dich auf eine wichtige Prüfung vor. Dabei werden Informationen abgefragt und es sind Aufgaben zu lösen, soviel ist Dir bekannt. Dein Ziel ist klar: Diese Informationen willst Du bis zum (Prüfungs-)Tag X im Kopf

---

[74] Womit jetzt (hoffentlich) klar wird, warum ich hier über Radioapparate doziere.

verfügbar haben und zwar so, dass Du sie zum richtigen Lösen der Aufgaben einsetzen kannst. Also setzt Du Dich mit einem Lehrbuch gemütlich aufs Sofa und beginnst, Dich durch die relevanten Kapitel zu lesen. Das wäre der Schritt „OPERATE" – Du arbeitest Dich also durch den Stoff. Statt nun darauf zu vertrauen, dass Du ihn intus und auch wirklich verstanden hast, testest Du Dich nun („TEST"), indem Du Prüfungsfragen aus dem letzten Jahr beantwortest. Leider stellst Du dabei fest, dass Du ein paar wichtige Zusammenhänge offenbar doch noch nicht richtig verstanden hast. Das heißt: Zurück an die Arbeit. In Deinem Fall kann das bedeuten, die Nase noch mal ins Lehrbuch zu stecken und die entsprechenden Kapitel noch einmal durchzuarbeiten (wieder „OPERATE"). Hilft auch das nicht (nächster „TEST"!), wirst Du Dich vielleicht nach einem anderen Lehrbuch umsehen, das Internet durchforsten oder jemanden fragen, der diese Prüfung schon bestanden hat. Das wäre wieder das nächste „OPERATE". Irgendwann kommst Du auf die korrekten Lösungen – und kannst beruhigt in die Prüfung gehen: „EXIT" also.[75]

Soweit, so simpel. Das Leben ist allerdings meist doch ein wenig komplizierter. Nehmen wir an, Du hast den Stoff gelernt und verstanden. Trotzdem sind die Hälfte Deiner Lösungen (beim „TEST") falsch – und zwar, weil Du Dich schlicht verrechnet hast: „Flüchtigkeitsfehler"! Hast Du das bemerkt, kannst Du daran gehen, an dieser Baustelle zu arbeiten, anstatt zum Beispiel andere Lehrbücher zu benutzen, denn die werden Dir dabei nicht weiterhelfen. Stattdessen musst Du lernen, konzentrierter zu arbeiten. Klar? Klar!

---

[75] Nicht zu verwechseln mit „Exitus". In dem Fall wäre etwas gründlich schief gegangen.

Die Vorbereitung auf eine Prüfung - das war einfach. Das Leben ist komplizierter.

Viel komplizierter.

Auch Deines. Sorry. Ist aber auch ganz gut so, oder?

Und was bedeutet das jetzt für Dich? Es bedeutet zum einen, dass das Planen und Durchführen von wirklichen Veränderungen nicht in ein oder zwei Schritten erledigt ist. Diese Schritte von Probieren und Bewerten müssen immer wieder neu gegangen werden. Es bedeutet aber auch, dass große Zukunftsentwürfe und komplexe Entwicklungspläne scheitern (müssen), wenn man dabei nicht flexibel bleibt. Aber das simple Beispiel oben macht zugleich mehrere wichtige Punkte des TOTE-Prinzips deutlich:

Erstens geht es beim „Machen" nicht um ein „Augen zu und durch". Nie. Wenn Du Dein Ziel verfolgst, dann gehst Du (hoffentlich) Schritte darauf zu. Und bei jedem einzelnen Schritt schaust Du vorher darauf, ob er Dich diesem Ziel wohl näherbringen wird – und nachher darauf, ob er Dich ihm tatsächlich nähergebracht hat. Blinder Aktionismus ist also nicht gefragt. Deshalb ist es sinnvoll, wenn Du Dich in ganz regelmäßigen Abständen fragst, wo Du stehst, was Du in letzter Zeit getan hast um weiterzukommen und wie erfolgreich das jeweils war. Dazu bekommst Du gleich auch noch eine kleine Hilfe von mir an die Hand.

Zweitens solltest Du keine Angst haben, genau dorthin zu schauen, wo etwas **nicht** geklappt hat, denn erst das bringt Dich wirklich weiter. Ganz optimistisch auf die guten Seiten zu schauen und die eigenen Erfolge zu feiern ist richtig und wichtig. Es bedeutet aber nicht, dass Du

Fehlschläge, Scheitern, Probleme unter den Teppich kehren solltest. Tatsächlich passiert das aber ganz oft, und der Grund dafür liegt in einer verbreiteten menschlichen „Fehlerkultur": Fehler sind pfui – sie dürfen einfach nicht passieren, man muss sich für sie schämen.[76] Und genau diese Haltung führt dazu, dass sie immer wieder begangen werden. Es gibt einen schönen Satz aus der Unternehmensberatung: „Jede Kundenbeschwerde ist ein Geschenk!". So kann man das nämlich auch sehen – jeder Fehler, jeder falsche Schritt ist eine Riesenchance zu lernen. Und das gilt für Dein Leben ganz genauso.

<u>Drittens</u> ist es wichtig, <u>wie</u> Du hinschaust, wie Du mit Deinen Fehlern umgehst, ob und wie Du sie analysierst. Wenn sie Dir helfen sollen, dann müssen sie „auseinandergenommen" werden, von vielen Seiten beleuchtet, eingeordnet und bewertet. Erst dann lässt sich aus ihnen wirklich etwas lernen. Denn mit „shit happens" kommst Du an dieser Stelle auch nicht wirklich weiter.

Wie man das macht? Das hängt von der Situation ab – und von den Fehlern, die ja auch sehr unterschiedlich sein können, wie schon das ganz einfache Beispiel oben zeigt. Für den Einstieg habe ich Dir die eine kleine „Gebrauchsanweisung" zusammengestellt, eine kurze Liste von Fragen, die Du Dir selbst stellen kannst. Die bringt Dich schon mal weiter. Der Zusatznutzen[77]: Wenn Du Dir diese Fragen nicht nur regelmäßig stellst und beantwortest, sondern die Blätter aufbewahrst, schreibst Du auf diese Weise ein „Veränderungs-Logbuch". Das ist extrem hilfreich bei länger andauernden Veränderungen.

---

[76] Bist Du vielleicht ein leistungs-/strukturorientierter Mensch? Dann weißt Du, wovon ich rede.
[77] Gratis!!!

FRAGEN ZUM TOTE-PRINZIP

(Am besten: diese und die nächste Seite kopieren und regelmäßig beantworten!)

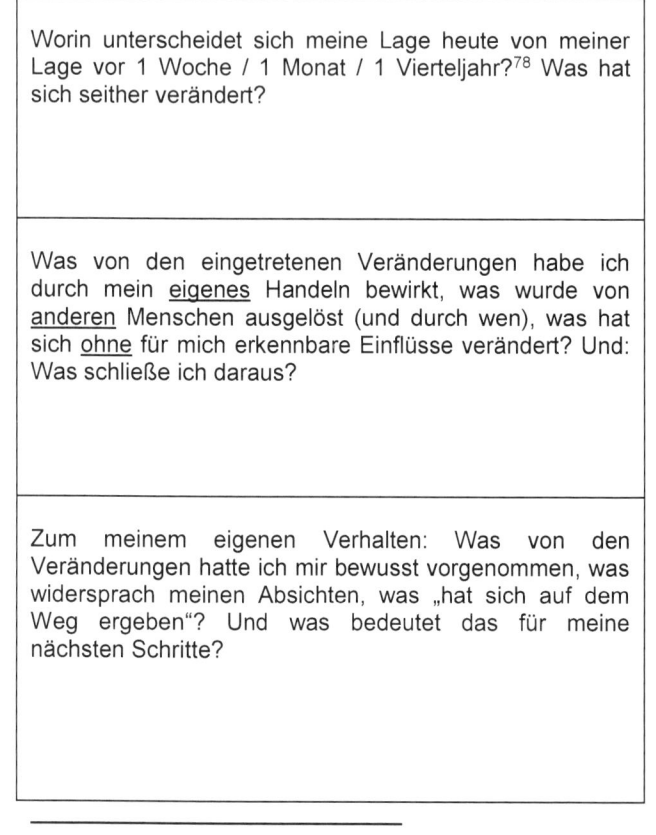

Worin unterscheidet sich meine Lage heute von meiner Lage vor 1 Woche / 1 Monat / 1 Vierteljahr?[78] Was hat sich seither verändert?

Was von den eingetretenen Veränderungen habe ich durch mein <u>eigenes</u> Handeln bewirkt, was wurde von <u>anderen</u> Menschen ausgelöst (und durch wen), was hat sich <u>ohne</u> für mich erkennbare Einflüsse verändert? Und: Was schließe ich daraus?

Zum meinem eigenen Verhalten: Was von den Veränderungen hatte ich mir bewusst vorgenommen, was widersprach meinen Absichten, was „hat sich auf dem Weg ergeben"? Und was bedeutet das für meine nächsten Schritte?

---

[78] Passenden Zeitabstand wählen: Große Veränderungen = langer Veränderungsprozess = größere Abstände.

An welchen Stellen wurde mein Handeln von Emotionen beeinflusst? Welche waren das (Angst, Freude, Zweifel, Zorn, Antriebslosigkeit, Hass, Glückseligkeit, you name it...)? Und wie haben sie mein Handeln beeinflusst?

Nun noch eine ganz andere Frage: Wie „fühlt sich" meine aktuelle Situation an? Welches Bild lässt sich dafür finden? (Beispiele: Irrgarten, Rutschbahn, Sumpf, Berggipfel, Autoscooter, Nebelbank, Blumenbeet, Sterbezimmer, Achterbahn, Obstkorb,...).

Und was ergibt sich daraus für mein weiteres Handeln?

Welche nächsten Schritte erscheinen im Moment richtig? Was ist <u>jetzt</u> dran?

Durchhalten! Zwei Dinge zum merken

Wer sich und sein Leben verändert, geht dabei viele einzelne Schritte. Dabei kann man müde werden, Zweifel bekommen, abgelenkt sein, Rückschritte machen, Pausen einlegen müssen… tausend Dinge können „dazwischen kommen". Das ist alles total okay. Wer seine Ziele verwirklichen will, darf sie aber nicht aus dem Auge verlieren. Und wie macht man das?

Es gibt eine ganz kurze Antwort – und eine etwas längere. Zuerst die kurze, und dazu nehme ich Dich jetzt mal mit zu den amerikanischen „Seals", genau genommen in das Auswahl-verfahren für Bewerber. Die „Seals" gehören zu den Marines, einer eigenen Waffengattung des US-amerikanischen Militärs und diese Leute verstehen sich als militärische Elitekämpfer. Die Seals gehören dann nochmal zu den besten davon. Also „die Weltbesten überhaupt", sozusagen. Ob das so objektiv stimmt, weiß ich nicht, aber klar ist: Wer dabei sein will, muss sich einem extrem harten Auswahltest stellen, den die allermeisten Bewerber nicht erfolgreich beenden.

Die Anwärter müssen dabei über mehrere Wochen hinweg körperlich sehr anspruchsvolle Aufgaben meistern, sie werden ständig angeschrien, müssen Hunger, Schlafentzug und Kälte ertragen und dabei dauernd nicht nur funktionieren sondern auch Verantwortung für ihre Kameraden übernehmen. Das Spannende an diesem Auswahlverfahren ist: Sie schmeißen da keinen raus (außer er gefährdet sich oder andere durch seine Unfähigkeit). Stattdessen hängt da so eine Glocke mit einem dicken Klöppel dran mitten im Camp, und wer die Glocke läutet, ist raus. Er packt seine Sachen und fährt noch am selben Tag nach Hause, die ganze Plackerei hat für ihn sofort ein Ende. Das ist sehr verlockend. Die meisten läuten die Glocke irgendwann. Tipp eines Ausbilders der Seals: „Gib einfach nicht auf. Mach weiter."[79]

Soweit, so einleuchtend. Die Psychologin Catherine Cox-Miles hat sich das Thema „einfach Weitermachen" näher angesehen, indem sie dreihundert Biografien beruflich sehr erfolgreicher Menschen systematisch untersucht hat. Sie fand, dass zwei Eigenschaften dieser Menschen wesentlich für ihren Erfolg waren. Nummer eins: Nicht aufgeben, wenn sich Schwierigkeiten ergeben. Weitermachen! Das klingt nicht nur logisch sondern ist ziemlich naheliegend und deswegen eigentlich langweilig. Aber es kam noch eine zweite Eigenschaft hinzu, und die ist nun wirklich spannend: Diese Menschen ließen sich nämlich auch nicht durch andere interessante Möglichkeiten, Karrierepfade oder Entwicklungschancen von ihren Plänen abhalten. Sie behielten ihr Ziel stur immer weiter im Blick. Es geht also nicht nur darum, angesichts von Schwierigkeiten nicht „die Glocke zu läuten" sondern auch darum, die eigene „Vision" nicht aus den Augen zu verlieren, wo es doch so viele schöne andere gibt. Es geht darum, der Vision treu zu bleiben.

Eine andere Psychologin namens Angela Lee-Duckworth, hat dazu eine ebenfalls sehr schöne Studie gemacht – interessanterweise wieder aus dem militärischen Bereich. Sie erhielt die Gelegenheit, die Militärakademie „West Point", ebenfalls eine Elite-Ausbildungsstätte des

---

[79] Das war die kurze Antwort.

amerikanischen Militärs, einige Jahre lang psychologisch zu beraten. Dort bewerben sich tausende von jungen Leuten, die als Offizier in der Army dienen wollen, und alle werden zu Beginn einer Unzahl von Tests unterzogen, physischen wie psychischen. Lee-Duckworth hatte nun die Möglichkeit, zu den vielen Tests und Fragebögen auch noch einen von ihr entwickelten zu legen, in dem die Kandidaten Auskunft über ihre „Ablenkbarkeit" und ihren Durchhaltewillen machen mussten. Sie verglich ein Jahr später die Ergebnisse mit dem Anteil der Kandidaten, die den ersten Sommer in Westpoint nicht überlebten[80] und fand heraus, dass nicht etwa diejenigen mit den Top-Testergebnissen (inklusive Intelligenz- und Sporttests) die erfolgreichsten waren, sondern die mit dem größten zu Beginn im Test festgestellten Durchhaltewillen. Besonders interessant: Ausgerechnet die am Anfang ganz besonders geeignet erscheinenden Leute hatten tatsächlich eine höhere Abbruchquote – und zwar, weil sie noch viele andere interessante Möglichkeiten für sich sahen und das Interesse an der Ausbildung verloren, als es so richtig anstrengend wurde.

Die „Treue zur Vision" ist also wesentlich für den Erfolg – Du solltest Dich also weder ablenken lassen und anderen Visionen hinterher laufen noch bei Schwierigkeiten sofort aufgeben. Das ist die halbe Miete. Wie Du das machst? Indem Du sie Dir „sichtbar" oder „spürbar" machst. Indem Du sie zu einem Teil Deines Alltags machst. Das muss kein Bildschirmschoner sein, kein Illustriertentitelblatt an der Wand. Aber etwas, das Dich an das erinnert, was Du eigentlich willst. Vielleicht hast Du ein „Erinnerungs-Schlüsselanhänger" dabei oder lässt Dir die Vision in

---

[80] Das ist nicht wörtlich gemeint. Man kann dort aufgeben – oder wird bei mangelnder Leistung tatsächlich rausgeschmissen. Sie haben keine Glocke in Westpoint.

einen Ring gravieren? Deiner Kreativität sind da keine Grenzen gesetzt.

Die andere halbe Miete ist die Fähigkeit, Schritte flexibel „nach vorn" zu planen und „rückwärts" zu bewerten und die richtigen Schlüsse daraus zu ziehen, also die TOTE-Methode anwenden zu können. Auch das hast Du jetzt gelernt. Und damit bist Du nun schon praktisch komplett ausgerüstet für Deinen Weg. Ab hier geht's also „nur noch" um wichtige taktische Einzelheiten.

Ich wär so gern ein Optimist. Aber das wird wahrscheinlich wieder nix…

Bist Du ein Pessimist? Falls ja – befindest Du Dich in guter Gesellschaft. Im Großen und Ganzen tendieren zumindest wir Mitteleuropäer nämlich oft dazu, Dinge eher pessimistisch zu beurteilen – die Fehler zu sehen statt das, was gut gelaufen ist. Die Gefahren statt die Chancen. Die Verluste statt der Gewinne. Und sobald etwas mal richtig positiv ist, suchen und finden wir das berühmte Haar in der Suppe. Warum ist das so – und warum wäre es gut, das zu ändern?

Wie bei vielen anderen fest im Hirn „verdrahteten" Denkstrukturen, so stellt auch dieser tendenzielle Pessimismus eine eigentlich sinnvolle Anpassung an unsere Vergangenheit dar. Ich greife mal wieder zurück in die Menschheitsgeschichte, um das zu verdeutlichen: Frühe Ackerbauern in Europa hatten häufig große Mühe, sich und ihre Familien über den Winter zu bringen. Man musste Saat ausbringen, die Äcker vor hungrigen Spatzen und Wildschweinen schützen und konnte trotzdem immer noch nicht sicher sein, dass sich das Ganze wirklich lohnen würde. Eine sommerliche Dürre oder ein Hagelsturm konnten viel von der Ernte vernichten. Und wie lang der nächste Winter werden würde, den man mit den gesammelten Vorräten überstehen musste, das konnte kein Mensch vorhersagen.

Was wäre in einer solchen unsicheren Umwelt Deine Überlebensstrategie? Wahrscheinlich würdest Du so viel an Vorräten zusammensammeln wie nur irgend möglich. Aber auch bei einer guten Ernte war ja nicht klar, ob die Vorräte bis zum nächsten Sommer reichen werden. Und auch ein paar zurückliegende gute Jahre garantierten durchaus nicht, dass das immer so weitergehen würde. Ich denke, das hatten die frühen Ackerbauern praktisch alle selbst erlebt. Und deshalb hieß die Devise: Mit dem Schlimmsten rechnen und entsprechend vorsorgen. In Kurzform: Der Optimist, der zwei gute Jahre prima überlebt hat, ohne dass er auf Vorräte zurückgreifen musste, der wird im dritten Jahr keine anlegen. Und dann erwischt ihn der Winter... und der Pessimist überlebt (am ehesten). Und vererbt seinen Pessimismus an seine Kinder.

Tatsächlich ist eine eher pessimistische Sicht der Welt zumindest teilweise genetisch festgelegt, jedenfalls deuten Daten einer Forschergruppe um Rebecca Todd von der Columbia University darauf hin.[81] Und wie es so ist mit der Genetik, setzen sich Merkmale umso mehr durch, je mehr von ihren Trägern lange genug leben, um sie an ihre Nachfahren weiterzugeben. Mutter Natur hat uns also – zumindest in Europa – zu kleinen Miesepetern und Pessimisten erzogen. Aber genau deshalb gibt's uns auch noch.

Soweit so gut. Und Du glaubst jetzt natürlich, dass Du ganz bestimmt wegen dieser Pessimisten-Genvariante so

---

[81] Falls Du mir das jetzt nicht glaubst: Konkret geht es um eine Variante des Gens „ADRA2b", das die Produktion des wichtigen Neurotransmitters Epinephrin regelt, dessen Verfügbarkeit wiederum die emotionale Bewertung der Umwelt beeinflusst. Wollte ich nur mal so am Rande erwähnt haben...

pessimistisch bist. Du kannst selbst also überhaupt nichts dafür... das ist natürlich Quatsch. Erstens bedeutet Genetik nicht alles – wir Menschen haben unseren Kopf zum Denken, und Denken kann einen großen Einfluss auf unsere Wahrnehmung und unser Verhalten haben.[82] Deshalb können wir uns auch verändern. Zweitens könnte man zwar argumentieren: „Wieso – ist doch offenbar eine sehr sinnvolle Haltung? Mit der haben unsere Vorfahren überlebt!" Richtig – aber diese Haltung zielt eben auch nur aufs Überleben ab. Also auf die Erhaltung eines „status quo", eines existierenden Zustands. Und genau deshalb bringt sie Dich keinen Schritt weiter. Und Du bist doch hier, weil Du Dich verändern willst! Dafür brauchst Du einen anderen Blick auf Dich und Deine Umwelt. Denn es sind die Optimisten, die Neues schaffen. Glaub mir. Wenn sie nicht verhungern – zugegeben. Aber davor brauchst Du Dich heute nicht mehr zu fürchten, oder?

Wie sieht es bei Dir aus? Fallen Dir bei anstehenden Veränderungen als erstes die Chancen ein, die sich dabei bieten könnten? Oder sind es die Probleme, die sie womöglich auslösen? Und: Ist das überhaupt wichtig? Schließlich willst Du Dein Leben auf die Reihe kriegen. Dabei musst Du Dich doch zwangsläufig mit beidem beschäftigen, oder? Mit den Chancen <u>und</u> den Risiken. Ja – das stimmt, und das sollst Du auch tun. Und mit den „Schattenseiten des Lebens" und den Problemen haben wir uns ja auch schon beschäftigt: Dafür gibt es zum Beispiel die TOTE-Strategie. Es ist aber überhaupt nicht egal, was in Deinem Denken im Vordergrund steht. Es lohnt sich nämlich, optimistisch drauf zu sein. Ich nehme Dich mal kurz mit auf eine Reise in die USA, um zu erklären, was ich damit meine.

---

[82] Achtung - das gilt auch für Dich!

Und zwar nach Oxford, Ohio (USA). In dieser etwas verschlafenen kleinen Stadt im amerikanischen Mittelwesten begann im Jahr 1975 ein spannendes psychologisches Langzeitprojekt: Damals wurden 660 Personen im Alter ab 50 Jahren ausführlich über ihren Lebensstil, ihr Einkommen, die Arbeit, ihre Lebenseinstellung, die Erwartungen für die private Zukunft und Vieles mehr befragt. Und sehr viel später, nämlich im Jahr 1998, hat man die Antworten der Leute auf den Fragebögen von damals mit dem späteren Verlauf ihres Lebens verglichen. Dabei fand man ganz Erstaunliches: Was nämlich vor allem die besonders langlebigen Bewohner von Oxford von den früher abtretenden Nachbarn unterschied, war ihre positive Einstellung zum Leben und ihr Optimismus in Bezug auf ihre persönliche Zukunft. Wer sich schon als mittelalter Mensch vorstellen konnte, auch im hohen Alter noch fit und ein wertvoller und geschätzter Mitbürger zu sein, dem ging es später (im Schnitt) auch so. Es zeigte sich, dass sogar die optimistischen Raucher im Durchschnitt länger lebten als die nichtrauchenden Miesepeter. Und der Unterschied im erreichten Lebensalter zwischen Optimisten und Pessimisten betrug im Mittel sage und schreibe siebeneinhalb Jahre. Es lohnt sich offenbar, optimistisch zu sein – zumindest für die unter uns, die gern lange leben möchten, denn Pessimisten sterben offenbar eher. Woran man sieht: Es gibt eben doch ein paar Unterschiede zwischen heute und der frühen Eisenzeit.

Eine zweite Studie noch schnell zur Ergänzung: Deborah Danner und Kollegen von der University of Kentucky haben 180 alte „Autobiographien" aus dem Jahr 1930 untersucht. Sie stammen alle von damals jungen Nonnen (durchschnittlich 22 Jahre alt), die von ihrer Oberin gebeten worden waren, ihr bis dahin noch nicht allzu langes Leben zu beschreiben. Die Forscher sammelten und zählten emotional positive, neutrale und negative beschreibende Wörter in den Biografien. Die positiven wurden dabei als ein Maß für den allgemeinen Optimismus und eine positive Lebenseinstellung gewertet und ihre Anzahl mit den späteren Lebensdaten der Nonnen verglichen. Dabei zeigte sich auch hier, dass nach vielen Jahrzehnten ein höheres Lebensalter von denjenigen erreicht wurde, die schon in jugendlichem Alter einen positiven und optimistischen Blick auf ihr Leben hatten. Und auch hier war das Leben der optimistischen Nonnen im Mittel etwa sieben Jahre länger als jenes der pessimistischen. Besonders interessant ist die Studie auch deshalb, weil der Lebensstil aller Kandidatinnen praktisch exakt der gleiche war – von der Ernährung über den Tagesablauf bis zu den Gesundheitsrisiken. Der einzige größere Unterschied – neben einer vielleicht bestehenden gesundheitlichen Vorbelastung, die sich aber statistisch etwa rausmittelt – war halt die Lebenseinstellung.

Also – es lohnt sich. Man hat als Optimist nicht nur meist bessere Laune, sondern das auch noch länger als die Pessimisten. Bis heute ist nicht wirklich klar, woran das liegt. Aber mich als Psychologen wundert es nicht, dass das was sich in unseren Köpfen abspielt, einen großen Einfluss auf unser Leben ausübt. Zumindest in dieser Hinsicht „bestimmt das Bewusstsein das Sein" – und nicht umgekehrt, wie weiland Onkel Marx (der mit dem langen Bart, der hohen Stirn und den hohen Idealen) meinte. Unsere Gedanken und Gefühle bestimmen tatsächlich nicht nur, wie wir die Welt erleben sondern auch häufig, wie lange.

Scheinbar ist es also mindestens genauso sehr von Bedeutung, wie wir die Welt sehen, als wie sie wirklich ist. Aber was macht denn mein Bild von der Welt aus, in der ich lebe? Was lässt mich eher optimistisch oder eher pessimistisch sein? Schauen wir mal auf die Prozesse, die im Hirn ablaufen und darauf Einfluss nehmen. Ganz wesentlich sind dafür meine eigenen Erinnerungen und Lernerfahrungen – die sich später zum Beispiel als „Bauchgefühle" bemerkbar machen. Und gerade diese Erinnerungen sind (ich möchte sagen: zum Glück!) überhaupt nicht „real". Inzwischen ist ganz gut erforscht, wie unser Gedächtnis funktioniert, nämlich im Prinzip so: Kurz gesagt werden unsere Sinneswahrnehmungen im „Arbeitsgedächtnis" miteinander verknüpft, und zugleich noch mit Informationen aus dem Langzeitgedächtnis. Sie werden in die vorhandenen Erinnerungen passend eingeordnet und bekommen damit so etwas wie einen „Sinn", einen Inhalt, und mit dem zusammen speichern wir sie dann im Langzeitgedächtnis ab. Wenn wir uns dann später erinnern, kramen wir zusammen mit den Sach-Informationen gewissermaßen auch diesen Sinn wieder hervor. Wir verschieben all das wieder ins Arbeitsgedächtnis – wo es wiederum mit neuen Sinneseindrücken und Gedanken verknüpft wird, bevor es wieder zurück ins Langzeitgedächtnis wandert, und so weiter. Das heißt, unser Gedächtnis funktioniert fundamental anders als eine Computerfestplatte, von der Daten genauso ausgelesen werden, wie sie draufgeschrieben wurden. Vielmehr wird bei jedem Erinnern an etwas früher Erlebtes oder Erlerntes diese Information ein klein wenig verändert durch das, was uns im Moment des Erinnerns durch den Kopf geht, und dann in dieser leicht veränderten Form wieder auf die Platte geschrieben. Und das wiederum bedeutet nichts anderes als dass das allermeiste, an das wir uns erinnern, in

Wahrheit gar nicht genau so passiert ist. Erst recht nicht, wenn wir immer wieder dran denken. Die Gedächtnisinhalte sind dann praktisch immer von früheren und späteren Erfahrungen, Bewertungen etc. beeinflusst worden. Ganz wichtig dabei ist unser Bestreben, ein „kohärentes", also ein in sich stimmiges Bild von uns selbst und unserem Leben aufrecht zu erhalten. Bevor wir – in unserem eigenen Erinnern – etwas gedacht oder getan haben, was unseren tiefen Überzeugungen widerspricht oder irgendwie nicht zusammen passt, erinnern wir es lieber falsch („das war wohl anders…"). Oder wir vergessen es gleich komplett.

Das klingt ja erstmal nicht besonders ermutigend. Wie sollst Du mit so einem Gedächtnis ein einigermaßen vernünftiges Bild der Welt im Kopf haben? Nun – da Du offenbar in der Lage bist, Dich in Deinem Leben einigermaßen zurecht zu finden, kann all das in Deinem Kopf auch nicht vollständig falsch sein. Nur eben meist ein wenig passend „eingefärbt"…

Und das ist eine ziemlich gute Nachricht, denn genau hier kannst Du ansetzen. Wenn es stimmt, dass die Wahrnehmung Deiner Umwelt (also von allem, was Dir so begegnet und widerfährt) von Deinen Einstellungen geprägt wird, dann müsste es doch auch möglich sein, diese Wahrnehmung ganz bewusst so zu verändern, dass sie ein positiveres Weltbild ergeben, ein optimistischeres als bisher. Und das hat dann wieder ziemlich positive Auswirkungen auf Dein Leben. Das würde ja bedeuten, Du kannst Dich selbst dazu bringen, zukünftig Chancen statt Probleme zu entdecken, positive statt negative Aspekte zu sehen, gut- statt schlechtgelaunte Rückmeldungen Deiner Mitmenschen aufzufangen, Dich häufiger an gute statt an schlechte Erlebnisse zu erinnern.

Und damit sogar gesünder zu bleiben als andere und womöglich deswegen auch noch älter zu werden als sie. Die gute Nachricht ist: Ja – das geht! Die (etwas) weniger gute: Es bedeutet Arbeit. Aber eine schöne Arbeit – ich habe dazu ein paar tolle neue Aufträge für Dich, auf die Du Dich freuen kannst!

Erste Aufgabe: Das ist eine für Anfänger – wirklich sehr simpel und ohne größeren Aufwand möglich. Ich weiß ja nicht, was Du so machst, aber vermutlich wirst Du Dich jeden Tag für einige Zeit außerhalb Deiner vier Wände aufhalten. Du fährst vielleicht mit Bus oder Bahn zur Arbeit? Perfekt! Dann wirst Du ab morgen auf dieser Fahrt alle Deine Mitreisenden zählen, die einen positiven, gut gelaunten, optimistischen Gesichtsausdruck haben. Also nur die „Glücklichen" oder wenigstens Zufriedenen. Wenn Dich jemand anlächelt – das zählt! Wenn jemand einen anderen anlächelt – das zählt auch! Schreib Dir diese Zahl auf. Jeden Tag.

Was das soll? Ganz einfach: Du trainierst Dich auf diese Weise, positive Signale von Menschen wahrzunehmen. Du übst den Blick fürs Positive, sozusagen. Anders ausgedrückt: Du veränderst Dein Gehirn dahingehend, dass es die guten Dinge sucht - und findet. Die frohen Gesichter eben – und deren Freude wird dann umgekehrt auch Dich ein wenig positiver stimmen. Übrigens ist es nicht unwahrscheinlich, dass Deine tägliche „Zahl der Gutgelaunten" im Lauf der nächsten Zeit steigt. Einfach weil Dein Gehirn lernt, das Gute zu entdecken. Und damit verändert es sich, manche Signalwege zwischen den Neuronen werden gewissermaßen „ausgefahren" und in Zukunft dann auch vermehrt benutzt. In Kürze: Du mutierst zum Optimisten.

Zweite Aufgabe: Für fortgeschrittene Anfänger. Du legst Dir ein kleines „Logbuch" an, in dem Du jeden Tag fünf gute Dinge einträgst, die Dir begegnet sind. Dinge, über die Du Dich freuen konntest - egal wie nebensächlich und unwichtig sie sind. Das lässt sich sehr schön mit der ersten Aufgabe kombinieren, wenn Du die guten Dinge einfach zur Zahl der Glücklichen dazuschreibst. Das kann am Anfang schon eine kleine Herausforderung sein, vor allem wenn Du ein eingefleischter Pessimist bist. Aber Du schaffst das! Du musst halt die Latte dafür nicht so hoch legen – Kleinigkeiten tun es fürs erste. Dann wirst Du schon bald merken, dass es Dir zunehmend leichter fällt. Der Effekt ist der gleiche wie bei der ersten Aufgabe: Dein Hirn lernt, die guten Dinge wahrzunehmen. Und glaub mir: Die gibt es! Ich habe erlebt, dass jemand, der drei gute Dinge am Tag zuerst für zu schwierig hielt, einige Wochen später ganze Seiten füllen konnte.

Dritte Aufgabe: Für Fortgeschrittene! Es kann sein, dass es ein Weilchen dauert, bis Du Dich da herantraust: Mache jeden Tag mindestens einer Person, die Du nicht (gut) kennst, so etwas Ähnliches wie ein Kompliment. Sag etwas Nettes – und mein es gefälligst auch so! Glaub mir – es wird Dir gut tun. Das ist sogar wissenschaftlich nachgewiesen: Die Psychologen Nicholas Epley und Juliana Schroeder von der University of Chicago haben Probanden mit genau dieser Aufgabe in die U-Bahn geschickt und später ihre Gefühlslage erfragt. Interessant war, dass ihre Versuchspersonen sich vorher mehrheitlich sicher waren, dass es ihnen besser gehen würde, wenn sie für sich blieben statt fremde Leute anzuquatschen. Weil es halt schon eine ziemliche Überwindung bedeuten kann. Das war aber ein krasser Irrtum, denn das genaue Gegenteil war der Fall! Der Effekt beruht wohl darauf, dass auch unverbindliche positive soziale Kontakte ihre (guten) Auswirkungen auf unsere Psyche haben. Und wer was Nettes sagt, bekommt häufig etwas Nettes zurück – und spätestens das tut gut! Eins noch: Bitte nicht übertreiben – hier geht's nicht um platte Anmache. Die Idee ist einfach, einen Menschen ein klein wenig froher zurück zu lassen, als er vorher war. Da reicht ja manchmal schon ein nettes Wort. Oder eben ein kleines Kompliment. Muss ja nicht in der U-Bahn sein.

So – das sind drei Aufgaben, die man durchaus ernst nehmen darf. Die erledigst Du nicht „mal eben so", ich weiß. Es bedeutet echt ein wenig Arbeit. Aber es sind auch wirklich nicht nur ein paar lässige Tipps. Tu's einfach. Ich hatte Dir ja prophezeit, dass ich Dich drankriegen werde...

Habe ich auch messbar was davon?

Ja. Erstmal verbessert sich Deine Laune auf die Dauer, das ist vielleicht nicht direkt messbar, aber spürbar - für Dich und für die Leute um Dich herum. Zum anderen fördert Optimismus Deine eigenen Anstrengungen, um das zu bekommen, was Du brauchst, denn Du schätzt die Erfolgschancen damit anders ein. Und damit steigen auch die Chancen, es tatsächlich zu erreichen. Es liegt ja auf der Hand, dass eine „ist-ja-eh-alles-sinnlos-Einstellung" da wenig hilfreich ist. Und drittens sind Optimisten im Schnitt weniger gestresst als Pessimisten (die ständig irgendwelche Katastrophen erwarten) und leben damit gesünder. Was vielleicht für ihre längere Lebensdauer verantwortlich ist. Auf jeden Fall wird's Dir Dein Herz-Kreislauf-System auf die Dauer danken.

Das ist natürlich noch kein Erfolgs-Patentrezept, und sowas gibt's auch nicht. Mit den Rezepten ist das eh' so eine Sache, denn dafür ist das Leben meist ein wenig zu kompliziert... freu Dich jetzt erstmal auf die wunderbaren Erfahrungen, die Du mit Deinen nächsten Aufträgen machen wirst!

Ende gut, alles gut… oder zu neuen Ufern? Übergänge gestalten

Okay - Du hast Dich entschieden, ein paar Dinge in Deinem Leben zu verändern. Du weißt jetzt auch, wohin die Reise grundsätzlich gehen soll. Du hast erste Schritte geplant und auch schon welche gemacht. Ein paar Dinge haben sich bereits verändert oder sie sind gerade dabei. Du bist also mittendrin. Und jetzt komme ich mit dem Thema „Übergänge gestalten". Was soll das und warum sollte Dich das jetzt noch interessieren?

Die Antwort: Weil Du nicht allein bist auf der Welt. Was Du tust (und übrigens auch: Was Du nicht mehr tust), betrifft nicht nur Dich. Du hast Freunde, Kollegen, Familie, Nachbarn und so weiter. Und weil das Leben ein heftig und zugleich wunderbar komplexes Ding ist, betreffen Veränderungen bei Dir nicht nur Dich. Ich hab's schon mal gesagt, und ich wiederhole es gern und gratis: Du bist schon groß und deshalb verantwortlich für das, was Du tust. Das heißt, Du bist auch ein Stück weit verantwortlich für Deine Umwelt: Wenn Du gehst, bleiben andere da. Wenn Du bleibst, machst Du manche Dinge anders als bisher. Auf jeden Fall verändert sich auch die Welt für die Menschen um Dich herum. Und darauf werden sie reagieren, ob sie das nun bewusst oder unbewusst tun. Und in den meisten Fällen haben ihre Reaktionen wiederum auf Dich einen Einfluss: Kein Mensch ist eine Insel.[83]

Deshalb sollte Dich das interessieren.

Es geht mir hier um die Art und Weise, wie Du Dein „Veränderungsprojekt" nicht nur planst, durchführst und bewertest, sondern darum, wie Du es in Deiner Welt bewusst so gestaltest, dass die Veränderungen auch für die um Dich herum gut ablaufen. Das ist nicht immer vollständig möglich, aber oft. Und es lohnt die Mühe, auch für Dich selbst.

Dein Gedächtnis funktioniert eben nicht wie eine Computerfestplatte, sondern so, dass die Inhalte in der Weise gespeichert und abgerufen werden, dass daraus eine in sich stimmige Sicht auf die Welt zusammengebaut wird. Das gilt natürlich nicht nur für Dich sondern auch für alle anderen um Dich herum. Die basteln an ihrem eigenen Bild von der Welt und von sich selbst als jeweiligen Hauptdarstellern darin. Und natürlich muss für sie alles genauso zueinander passen, wie bei Dir auch. Sozialwissenschaftler sprechen dabei gern von einem „Narrativ" – sozusagen einer „Erzählung" über die Realität[84], also etwas in der Art von: „So war das damals." Und oft macht das nicht jeder für sich, sondern gemeinsam mit Kollegen, Familie, wem auch immer. Das muss auch gar nicht wirklich ausführlich erzählt werden – wichtig ist das (geteilte) Bild einer Realität.[85] Sowas ergibt sich aus vielen Gesprächen, erzählten Erinnerungen,

---

[83] Ein kluger Satz. Könnte von mir sein, stammt aber bloß von Ernest Hemingway.
[84] Lateinisch „narrare" heißt erzählen.
[85] …die halt in Wirklichkeit sowieso nicht so war. Aber das weißt Du ja nun schon.

gemeinsamen Interpretationen von dem was war und so weiter. Dieses „Narrativ" bestimmt dann zukünftig den Blick und die Interpretation der Vergangenheit.

Beispiel gefällig? Falls Du Dich irgendwann entschieden hast, die Arbeitsstelle zu wechseln, dann wird diese Entscheidung und auch ganz stark die Art, wie Du den Wechsel eingestielt und vollzogen hast, bei den Dagebliebenen nach einiger Zeit zu einer Erzählung, einer geteilten Sicht auf die Vergangenheit. Und darin kannst Du als Held oder als der letzte Penner vorkommen. Was dann das zukünftige Bild über Dich mitbestimmen wird.

Ja – ich weiß schon: Was interessiert Dich, wie die Dagebliebenen über Dich denken? Das kann Dir doch egal sein, weil Du a) eh längst woanders bist und b) ja sowieso besser weißt, wie es wirklich war...[86]

Es gibt zwei Gründe, warum Dich das was angeht: Erstens ist nicht auszuschließen, dass diese Leute auch zukünftig noch irgendwann und irgendwie einen Einfluss auf Dich und Dein Leben haben.[87] Zweitens, weil Du ein verantwortlich handelnder Mensch bist. Du trägst Verantwortung – und zwar nicht nur für Dich allein. Und es wäre nicht verantwortlich, anderen Leuten ohne gute Gründe Ärger oder Leiden zu verursachen.[88] Man spielt nicht mit dem Essen, mit Geld und erst recht nicht mit den Leuten um einen herum – Punkt.

---

[86] Ja nee, is' klar...
[87] Denn das Leben ist kompliziert. Hatte ich das schon mal irgendwo erwähnt?
[88] „Ohne gute Gründe" heißt im Umkehrschluss übrigens auch: Es mag unter Umständen gute Gründe dafür geben, genau das doch zu tun.

Beide Gründe ziehen – und zwar ganz besonders bei solchen Veränderungen, in denen es nicht um „gehen" oder „bleiben" geht. Es geht Dich also auf jeden Fall etwas an.

Und es gibt noch einen dritten Grund: Auch Du selbst erlebst ja den Übergang, auch Du entwickelst Dein eigenes „Narrativ" - das Dein eigenes Fühlen, Denken und Handeln zukünftig beeinflussen wird. Erst recht ein Grund, sich darüber Gedanken zu machen, wie Du das am besten gestaltest.

Nicht immer wird es ganz ohne Holpern abgehen, das ist klar. Es gibt immerhin ein paar Dinge, die Du beachten kannst, um Übergänge (einigermaßen) unfallfrei zu gestalten. Die stelle ich Dir jetzt im Folgenden vor und Du schaust, was Du davon brauchst und wie Du es bei Dir einbauen kannst. Und wie so oft bekommst Du von mir ein paar unterstützende Fragen mit auf den Weg.

Zunächst habe ich für Dich mal eine grobe Übersicht erstellt, wer von Deinem Veränderungsprojekt alles wie betroffen ist – es kann ziemlich erhellend sein, wenn Du Dir das mal in Ruhe vor Augen führst: Da tauchen nämlich (ganz plötzlich…) eine ganze Menge von Leuten auf, die Du wahrscheinlich vorher nicht alle im Blick hattest. Und fast alle sind mehr oder weniger intensiv von dem betroffen, was Du tust. Wie Du im Einzelnen mit jeder Person umgehst, und ob und in welchem Umfang Du Deine Pläne darauf abstimmst, wen sie wie betreffen, das kann ich Dir an dieser Stelle nicht sagen - ich denke, die Gründe sind nachvollziehbar. Aber ich kann anhand dieser Tabelle mit Dir zusammen mal durchgehen, welche grundsätzlichen Gedanken Du Dir selbst dazu machen kannst. Ich tue das in Form von Fragen, wie so oft. Dass

Du sie gewissenhaft beantwortest, muss ich wohl nicht extra betonen?

Soweit verstanden? Gut, dann also los. Hier kommt die Tabelle:

In die Veränderung einbezogene Personen		
„positive Begleiter"	„negative Begleiter"	zukünftig Betroffene
- aktive Unterstützer	- aktive Gegner	- Verlierer
- Absicherer	- passive Gegner	- Gewinner
- Experten		- Mitveränderte

Wie die Tabelle zeigt, gibt es im Prinzip drei Gruppen von Menschen, die irgendwie mit dem zu tun haben, was sich bei Dir ändert. Ich fange mal auf der linken Seite an:

POSITIVE BEGLEITER nenne ich diejenigen, die Dein Veränderungsprojekt helfend oder unterstützend begleitet haben, die ihm auch grundsätzlich positiv gegenüber gestanden haben. Bei denen unterscheide ich drei „Untergruppen":

Aktive Unterstützer: Menschen, die Dir bei der Veränderung geholfen haben. Einen Umzugswagen organisiert, einen Kontakt hergestellt, eine Stellenanzeige gezeigt oder sonst etwas in der Art.

Fragen

Welche Gründe hatten diese Unterstützer, so zu handeln?

Was brauchen sie, um mich ggfls. auch weiterhin zu unterstützen?

Kann und will ich Ihnen etwas zurückgeben? Wie kann das aussehen? Was „kostet" es mich?

Absicherer: So nenne ich diejenigen, die Dich nicht direkt aber auf andere Weise unterstützt haben, meist auf einer emotionalen Ebene. Das kann eine beste Freundin sein, bei der Du Dich bei Bedarf ausheulen konntest, ein Arbeitskollege, der Dir Mut gemacht hat, den ersten oder einfach einen weiteren Schritt zu tun. Oder auch ein Chef, der Dir gezeigt hat, wie viel er von Dir hält und welches Potenzial er noch in Dir sieht.

Fragen

Wie wichtig waren/sind sie für mich? Konnte/kann und will ich auch ohne sie?

Will ich in oder nach der Veränderung den Kontakt zu ihnen aufrechterhalten? Wenn ja – was brauchen sie und ich dazu?

Was lasse ich es mich „kosten"?

Experten: Leute, die Du um Rat gefragt hast und die Dir ihre Meinung gesagt haben (eventuell auch ziemlich kritisch, was ja trotzdem sehr hilfreich sein kann). Sie sind „extern", stehen außerhalb des Einflussbereichs Deiner Veränderung und sind im Prinzip davon nicht betroffen. Und gerade weil sie keine eigenen „Karten im Spiel" haben, können sie aus der Distanz und aufgrund ihrer eigenen Erfahrungen und Gedanken zum Thema etwas beitragen. Also wichtige Leute!

Fragen

Haben sie <u>wirklich</u> keine eigenen Karten im Spiel?

Wenn nicht – was hat sie motiviert?

Gibt es von mir noch nicht wahrgenommene Beziehungen" zu ihnen? Wenn ja - was bedeuten sie für mich und mein Veränder-ungsprojekt?

Erwarten sie ein – wie auch immer geartetes – „Honorar" für ihre Hilfe? Kann und will ich das „zahlen" und kann ich es mir „leisten"?

NEGATIVE BEGLEITER sind alle Bremser und Bedenkenträger. Menschen, die nicht wollen, dass die Veränderung stattfindet, man könnte sie auch „Veränderungsgegner" nennen. Ich unterscheide da die aktiven und die passiven, je nach ihrer konkreten Rolle.

Aktive Gegner sind dabei die Bremser und tatsächlichen Verhinderer. Entweder Du hast sie von Anfang an „auf dem Schirm" oder sie treten im Verlauf einer Veränderung in Erscheinung. Mit ihnen wirst Du Dich auseinandersetzen (müssen), denn ihre Argumente und Aktivitäten sind kaum übersehbar.

Fragen

Was motiviert sie wohl, sich meiner (!) Veränderung entgegen zu stellen? Was genau haben sie dabei zu verlieren? Sind das ganz greifbare „reale" Dinge oder geht es dabei auch um ihr Bild von der Welt, von mir und von sich selbst? Fühlen sie sich womöglich bedroht durch mich und das was ich gerade tue? Geht mich das etwas an und wenn ja – in welcher Weise?

Kann ich im Rahmen des Übergangs einen „Deal" für sie (oder sogar mit ihnen) arrangieren?

Passive Gegner sind die grundsätzlichen Bedenkenträger. Sie stellen sich nicht in den Weg, aber sie schütteln ihre Köpfe und prophezeien das Schlimmste: Deine Eltern, die nicht verstehen können, warum Du einen sicheren Job bei Vater Staat ausschlägst. Oder Deine erwachsenen Kinder, die einen Verkauf Deines Hauses und den Umzug nach Uruguay nicht nachvollziehen mögen und können.

Fragen

An welcher Stelle beeinflussen sie mich? Wirken sie demotivierend?Und was von ihren Zweifeln kann ich nutzen – indem ich sie als „advocatus diaboli"[89] betrachte?

---

[89] Zu deutsch so viel wie „Anwalt des Teufels". Menschen mit wichtigen kritischen Anmerkungen, die man tunlichst beachten sollte.

Nun zu den **ZUKÜNFTIG BETROFFENEN**. Das sind Leute, die nicht wirklich in einen Austausch mit Dir treten. Sie reden nicht unbedingt mit Dir über das, was Du vorhast. Oft wissen sie nicht einmal etwas davon. Trotzdem werden sie mit Deinen Plänen und deren Auswirkungen zu tun bekommen.

Die **Verlierer** leiden (im weitesten Sinne) unter Deinen Plänen. Das kann der Chef sein, der einen Verlust von know-how für seine Firma befürchtet, wenn Du woanders arbeitest. Oder der Teile der Kundschaft verliert, wenn Du Dich selbständig machst. Oder die gemeinsamen Kinder aus einer früheren Ehe, die Dich nicht mehr so häufig sehen werden, wenn Du in eine andere Stadt ziehst.

Fragen

Kann (und will) ich mich mit ihren Verlusten auseinandersetzen und etwas für sie tun?

Welche „Veränderungsgewinne" könnte ich ihnen dann eventuell anbieten?

Die **Gewinner** hingegen haben etwas davon, wenn Du Dich veränderst: Der Kollege, der auf Deinen Posten nachrücken wird, wenn Du gegangen bist. Die beste Freundin Deiner (zukünftigen) Exfrau, deren Beziehung zu ihr und damit auch Einfluss auf diese sich vermutlich vertiefen wird. Du siehst: Hier geht es häufig um eine vorher bereits bestehende Konkurrenz. In diesen Fällen werden Dir diese Leute zwar bei Deinem Veränderungs-Projekt keine Steine in den Weg legen. Sie wünschen Dir deswegen aber noch lange nicht unbedingt das Beste. Bei ihren „guten Ratschlägen" ist eher Vorsicht geboten, und Dank von ihnen zu erwarten wäre nicht unbedingt realistisch.

Fragen

Wie kann ich den Übergang so gestalten, dass gerade diese Menschen ihn nicht in ein Narrativ umsetzen, das mir zukünftig schaden kann?

Lassen sich aus solchen Konkurrenten auch zukünftige Verbündete machen? Was würde ich dafür brauchen?

Die **Sich-Mitverändernden** sind zwar betroffen, jedoch – zumindest soweit das absehbar ist – werden sie irgendwas dabei gewinnen oder verlieren. Es wird halt für sie nur „anders", vielleicht auch nur in sehr geringem Ausmaß. Im Prinzip haben sie also die wenigsten Karten im Spiel. Trotzdem sind sie wichtig, denn erstens bilden sie meistens ganz einfach die zahlenmäßig größte Gruppe. Und zweitens ist ihr Narrativ, die Erzählung über das, was geschieht, am ehesten „plastisch". Es ist also am einfachsten, ihr zukünftiges Bild vom Geschehen zu beeinflussen, gerade weil sie kein oder wenig Eigeninteresse am Geschehen haben. Zusammengenommen haben also auch diese Leute ein ziemliches Gewicht, wenn es darum geht, wie eine Veränderung zukünftig eingeordnet und bewertet wird.

Fragen

Was kann ich tun, um diesen Leuten einen „schönen Übergang" zu verschaffen?

In welche Richtung / in welcher Art möchte ich ihr Narrativ beeinflussen? Und wie könnte das gehen?

Es lohnt sich sehr für Dich, wenn Du Dich mit diesen Fragen mal auseinander setzt. Das geht im konkreten Fall zwar am besten im Rahmen zum Beispiel eines Coachings, aber für den Anfang ist es nicht falsch, sich das mal auf einen Zettel zu schreiben. Außerdem kannst Du dabei gleich alle Gedanken kurz notieren, die Dir beim Nachdenken über das Thema sonst noch in den Sinn kommen. Und gerade beim Blick auf die Umwelt kommt häufig ziemlich viel zum Vorschein.

So – und jetzt komme ich endlich wirklich zum Thema „Übergänge gestalten". <u>Was</u> Du mit dem Übergang bezwecken willst, hast Du mit der Beantwortung der Fragen zumindest angeschnitten. Jetzt geht's darum, <u>wie</u> das gehen kann. Ich stelle Dir hier im Folgenden einige grundsätzliche Übergangs-Formen vor, die unterschiedliche Auswirkungen haben. Es gibt natürlich noch mehr davon. Nicht alle sind in allen Fällen gleich gut.

DAS VAKUUM

So nenne ich es, wenn jemand zum Beispiel fortzieht und keinem der Bekannten oder Nachbarn vorher irgendwas davon mitteilt. Er ist einfach plötzlich nicht mehr da. Deshalb weiß auch niemand, wie man ihn noch kontaktieren könnte, und deshalb findet auch keine weitere gestaltbare Auseinandersetzung mit der Veränderung statt. Solche Veränderungen sind nicht häufig, ich habe sie aber schon miterlebt. Es fällt nicht schwer, sich vorzustellen, welchen „Nachgeschmack" sie bei den Zurückbleibenden hinterlassen, und das sich in der Folge bildende Narrativ ist meist dementsprechend. Und das wird es geben – wo auch immer ein „Vakuum" ist, da wird es sich ganz schnell mit irgendetwas füllen.

Wenn es Dir entweder aus guten Gründen vollkommen egal ist, was man sich über Dich zukünftig erzählt und Dir die „Kosten" für einen ordentlichen Abschied zu hoch sind oder wenn Du wirklich gute Gründe dafür hast, eine Veränderung genauso zu „gestalten", dann kannst Du das natürlich so machen.[90] Ansonsten würde ich Dir echt davon abraten. Es mag Fälle geben, in denen genau diese Art zu „verschwinden" die einzige Art ist, Verantwortung für die Zurückbleibenden zu übernehmen. Sie dürften aber die absolute Ausnahme darstellen.

Fragen

Bist Du so eine Ausnahme? Gibt es gute Gründe für Dich, ein Vakuum zu hinterlassen?

DAS RITUAL

Rituale sind „die Klassiker" als Begleiter von Veränderungen. Es gibt praktisch keine Gesellschaftsform ohne Rituale, auch wenn die meisten davon kaum als solche erkennbar sind. Rituale haben mehrere Merkmale: Sie haben feste Formen, die immer wieder durchgeführt werden, deshalb ist ihr Ablauf auch grundsätzlich allen Teilnehmern bekannt. Sie dienen sehr häufig speziell dazu, Übergänge für alle sichtbar zu machen und einzuordnen. Und ihre feste Form vermittelt eine Sicherheit auch „in der Sache". Ein zugesprochenes „mein Beileid" am offenen Grab zum Beispiel nimmt den Angehörigen einerseits wie den entfernten Bekannten andererseits die Unsicherheit über ihr eigenes Verhalten

---

[90] …ist dann halt Kacke, wie es so schön heißt…

in einer unschönen Situation. Und zusammen mit dem nachfolgenden Beerdigungskaffee hilft es dabei, das Geschehen einzuordnen. Anderes Beispiel: Die offizielle Verabschiedung eines langgedienten Mitarbeiters, bei der der Chef eine kurze Rede hält und sich währenddessen alle schon aufs Buffet freuen. Alle wissen was passiert, und dass das Firmenleben danach „ganz normal" weitergeht. Gruppen von Menschen entwickeln solche Rituale als sicheres Fundament ihres Zusammenlebens, das die Lebensdauer[91] der Einzelnen meist weit übersteigt. Es scheint so, als ob wir so etwas einfach brauchen, wenn wir in Gruppen zusammenleben, denn es entwickelt sich praktisch überall.

Rituale sind ganz wunderbare Möglichkeiten, Übergänge zu gestalten. Für Dich stellt sich hierbei nur das Problem, dass das Ritual sozusagen „dem System gehört", der Gruppe also. Sonst wäre es keines, denn die feste Form kann sich ja nur herausbilden, wenn etwas immer wieder in der gleichen Art von (mehr oder weniger) immer den gleichen Menschen gemacht wird. Trotzdem kann Dir ein Ritual Möglichkeiten bieten: Da wäre erstens die bewusste Entscheidung, es auch mitzumachen oder auch selbst mit daran zu arbeiten. Wenn Du zum Beispiel aus Deiner alten Firma weggehst und der (Ex-)Chef das als unfreundlichen Akt versteht, dann kann ein Abschiedsritual den Konflikt zumindest emotional etwas „herunterkochen". Vielleicht wird er nicht daran teilnehmen wollen? Vielleicht lässt er es ausfallen? Und wenn Du die Abteilungsmitarbeiter dann stattdessen abends zu einem privaten Abschiedsessen einlädst –

---

[91] Das meine ich im übertragenen wie auch im wörtlichen Sinne.

wenn Du also das Ritual in seinen Grundformen übernimmst und selbst neu interpretierst? Vielleicht nicht so nett dem Chef gegenüber, aber vielleicht gut für die Abteilung.

Ebenso ist es durchaus machbar, ein Ritual in einigen seiner Aspekte ein wenig zu „brechen" und sinnvoll zu verändern: Eine Grundschulrektorin lässt ihre Verabschiedung nach dreißig Jahren nicht mit offiziellem Empfang und Bürgermeisterrede begehen sondern als Kinderfest, das bunt, laut und mit viel Spaß gefeiert wird. Wie verändert das die Sicht auf das Geschehen in der Zukunft, wie verändert es das Narrativ über die Rektorin (und vielleicht auch das über den Bürgermeister)?

Fragen

Gibt es Rituale, die den Übergangsmoment in Deinem eigenen Veränderungsprojekt begleiten?

Möchtest Du sie <u>für Dich</u> und Dein Projekt nutzen?

Möchtest Du sie nutzen, weil sie <u>dem betroffenen System</u> helfen?

Kannst Du vorhandene Rituale für ähnliche Situationen auf Deine eigene Veränderung hin anpassen?

DAS AUSSCHLEICHEN

In der Medizin nennt man es so, wenn ein Medikament in seiner Dosis immer weiter reduziert wird, bis es am Ende überhaupt nicht mehr gegeben wird. Das ermöglicht es dem Körper, sich an die Abwesenheit des Medikaments zu gewöhnen und ganz langsam wieder nach und nach selbst das Ruder zu übernehmen. Genauso ist es auch mit diesem Übergang. Wenn der Firmengründer sich entschließt, endlich den verdienten Ruhestand anzutreten, dann kann es sinnvoll sein, wenn er seinem Nachfolger noch eine Weile als „Einarbeiter" zur Seite steht, danach nur noch einen immer kleiner werdenden Teil der Firma mitbetreut und schließlich nur noch bei besonderen Fragen angerufen werden kann.[92] Solche Übergänge können überall dort sinnvoll sein, wo ein System (Firma, Familie, Freundeskreis,...) ohne den „Veränderer" in Schwierigkeiten gerät. Es kann (!) daher ein Zeichen von Verantwortung sein, diesen Weg zu gehen. Es macht die Veränderung für beide Seiten aber auch schwieriger, weil der Vertreter des Alten ja noch, zumindest zeitweise, anwesend ist.

Fragen

Lässt Deine Veränderung ein Ausschleichen überhaupt zu?

Traust Du dem System zu, sich selbst neu zu organisieren?

Was spricht für und gegen ein Ausschleichen? Wäre es hilfreich oder würde es eher Schaden verursachen?

Und: Für wen würdest Du es machen?

---

[92] Das kann auch genau die falsche Entscheidung sein und zu einer mittleren Katastrophe führen. Das hat dann häufig mit den Schwierigkeiten des Seniorchefs zu tun, sein „Baby" loszulassen. Kommt drauf an. Und außerdem: Anderes Thema!

Schaffst Du es überhaupt, die „Dosis" von Dir im System wirklich zu verringern – oder hält Dich so ein Ausschleichen in Wirklichkeit davon ab, den Übergang zu schaffen?

Was meinst Du - welche Bedeutung hast / hattest Du für das System wirklich?

DER KNALL

Der wäre dann das genaue Gegenteil des Ausschleichens: Türenknallen statt Händedruck. Wer so sein altes System verlässt, gibt ihm dabei „noch richtig Einen mit". Falls Dir nach diesem Übergang sein sollte - hier auch dazu ein paar Fragen:

Fragen

Was bietet Dir der Knall? Gibt es Rachemotive – und wenn: Könnten die etwas mit Deinem Selbstbild zu tun haben?

Gäbe es dann auch andere Möglichkeiten für Dich, für Deinen Selbstwert zu sorgen?

Andererseits: Gibt es vielleicht gute Gründe für einen Knall? Kann das System etwas davon haben oder lernen? ACHTUNG: Sei hier mal ganz ehrlich mit Dir! TIPP: Einen Gang zurückschalten oder besser noch für einen Moment rechts ranfahren.

DIE TRANSPARENZOFFENSIVE

Ich stelle mich vorne hin und erkläre allen Anwesenden, was ich verändern werde, wie ich es tun werde und auch warum. Offen, freundlich und aufgeschlossen für Nachfragen. Klingt nach einer sehr verantwortungsvollen Art, einen Übergang zu gestalten. Ist es auch – hat aber ein paar Tücken. Wenn Du nochmal an die Liste der „Veränderungsbetroffenen" denkst, siehst Du wieder die vielen unterschiedlichen Anliegen, Motivationen, Ängste und Hoffnungen. Die kommen Dir dann alle entgegen, und zwar alle mehr oder weniger auf einmal. Mach Dich also auf Fragen gefasst, auf gute Gründe, warum Du es lieber bleiben lassen solltest, auf harsche Kritik vielleicht bis hin zur Unterstellung von Verantwortungslosigkeit oder auf klammheimliche, hämische Freude. Außerdem kann es passieren, dass die unterschiedlichen Haltungen gegenüber dieser Veränderung in Deinem „Publikum" aufeinander prallen und Du das ganz nebenher auch noch moderieren musst.[93] Du bist aber vielleicht gut vorbereitet und kannst all dem mit Kompetenz und freundlicher Gelassenheit gegenübertreten. Und dann ist so ein Übergang unter Umständen sinnvoll.[94] Wenn Dich das überfordert, dann wirst Du hier womöglich aus der Kurve fliegen. Einfacher ist die Sache, wenn Deine Veränderung das System entweder nicht ebenfalls stark verändert oder auch dann, wenn Du damit nicht ganz unvermittelt aus den Büschen gesprungen kommst.[95]

---

[93] Gemeint ist hier nicht unbedingt eine konkrete „Veranstaltung". Das gilt allgemein.
[94] Und genau deshalb schreibe ich das hier: Damit Du weißt, worauf Du Dich einlässt und Dich entsprechend vorbereitest.
[95] So eine langfristig eingeleitete Transparenzoffensive wäre dann fast schon wieder ein Sonderfall des Ausschleichens.

Fragen

Was bekommt das System durch dieses Vorgehen geschenkt? Braucht es dieses Geschenk?

Was schenkst Du Dir selbst damit – und was kostet es Dich?

Kannst Du Dich und die Leute auf die Situation vorbereiten? Wie schätzt Du die Reaktion der Leute ein?

Gibt es Alternativen?

Wenn Du die Fragen für Dich beantwortet hast, bleibt nur noch, aus den Antworten eine Strategie für Deinen Übergang zu entwickeln. Das kann bedeuten, den Übergang zeitlich in mehrere **Phasen** aufzuteilen. Oder auch, ihn mit verschiedenen Mitmenschen bewusst in **unterschiedlicher Weise** zu gestalten. Oder noch einmal über den **Zeitpunkt** der „Veröffentlichung" Deiner Veränderung nachzudenken.

Wichtig dabei: Solche Übergänge „geschehen", wenn man sie nicht plant! Das muss nichts Schlimmes sein – aber Du solltest damit rechnen, dass andere (Menschen oder Prozesse) dann das Ruder in die Hand nehmen. Auch hier gilt wieder: Ein Vakuum füllt sich halt… und wenn Du selbst bestimmen willst, wie es abläuft, dann musst Du Dich auch selbst darum kümmern.[96]

---

[96] Das ist ja nun eigentlich eine wirklich banale Feststellung. Sicherheitshalber habe ich sie für Dich trotzdem mal aufgeschrieben.

Zum Schluss

So, und jetzt kommt das letzte Kapitel. Wenn Du Dich bis hier hin durchgekämpft hast, dann lass Dir von mir auf die Schulter klopfen: Du hast wirklich einiges geschafft!

Du hast gelernt, was Dich im Innersten antreibt und wie das Dein bisheriges Leben beeinflusst hat.

Du hast Deine ganz persönliche Vision entworfen und daraus konkrete Ziele entwickelt.

Du hast an inneren Widerständen gearbeitet, diese Ziele auch wirklich anzugehen und hast begonnen, Deine Schritte vorher zu planen und hinterher ehrlich zu bewerten.

Du weißt, wie wichtig ein positiver Blick auf Deine Umwelt ist und wie Du dazu kommst.

Und Du hast schon einige strategische Entscheidungen getroffen und auch überlegt, wie sie konsequent umgesetzt werden können.

All das mit einem ziemlich dünnen Büchlein. Eigentlich nicht schlecht, was? Ich schrieb ja schon zu Beginn, dass ich von Blabla nicht sonderlich viel halte. Und ich hoffe, Du konntest mit meinem direkten Stil etwas anfangen.

Was nun?

Du gehst natürlich Deinen Weg weiter! Du wirst neue Ziele formulieren und verfolgen, Du wirst immer besser darin werden, Dein Leben in die Hand zu bekommen – und in der Hand zu behalten. Es ist schließlich Deines!

Wenn die ganze Arbeit, die Du Dir gemacht hast, nicht für die Katz gewesen sein soll, dann muss es ja auch weitergehen! Ich persönlich fände ein Leben auch langweilig, das irgendwann „fertig" ist. Aber da musst Du Dir keine Sorgen machen – das ist es natürlich nie.

Eins noch: Vielleicht ist Dir auf dem Weg aufgefallen, dass Dir noch irgendwelche Werkzeuge, Tipps oder Informationen gefehlt haben bei Deinem Projekt. Oder Du stellst in Zukunft fest, dass es noch Dinge geben könnte, die Dir weiterhelfen oder ein paar Fragen offen geblieben sind. Dann lass es mich wissen – ich kümmere mich darum und baue sie gegebenenfalls in die nächste Auflage dieses Buchs ein.

So, ab jetzt bist Du allein unterwegs, aber nicht ganz allein: Du erreichst mich unter Coaching-Pawellek@aikQ.de. Ich bin also nicht aus der Welt.

…und jetzt sag' ich: Tschüss!

Printed in Poland
by Amazon Fulfillment
Poland Sp. z o.o., Wrocław